heidi huber
SPÄTZLE & KNÖPFLE

heidi huber

SPÄTZLE &
KNÖPFLE

GMEINER KULTUR

Besuchen Sie uns im Internet:
www.gmeiner-verlag.de

© 2018 – Gmeiner-Verlag GmbH
Im Ehnried 5, 88605 Meßkirch
Telefon 07575 / 2095-0
info@gmeiner-verlag.de
Alle Rechte vorbehalten
2. Auflage 2022

Lektorat / Redaktion: Anja Sandmann
Text: Unter Mitwirkung von Anja Sandmann
Umschlaggestaltung, Layout, Herstellung: Susanne Lutz
unter Verwendung eines Fotos von © walterbilotta, istockphoto.com
Druck: Appl, aprinta Druck, Wemding
Printed in Germany
ISBN: 978-3-8392-2262-1

Inhalt

Vorwort	9
Für ein unbeschwertes Lesevergnügen	11
Stärkung geschwächter Augen	11
Kopfweh	11
Kleine Spätzle- und Knöpflekunde	13
Schwäbische Qualitätsprodukte	13
Ein formaler Unterschied	13
Den Namen auf der Spur	14
Spätzle und Nudeln	15
Lieber gekaufte als gar keine Spätzle	15
Spätzle- und Knöpflegeräte	19
Löffel	19
Kochlöffel	19
Spätzlelöffel	21
Schöpflöffel	21
Spätzlebrett	21
Spätzlepresse	23
Fußpresse	23
Knöpflemaschine von Philipp Mehne	25
Knöpfle-(Spätzle-)Maschine von Ottmar Camerer	25
Holzpresse	25
Teck	25
Spätzlemaschine von Valentin Leiber	29
Original Kipp von Heinrich Kipp	29
Zweiarmpresse	29
Spätzlepresse der Luftschiffbau Zeppelin GmbH	29
Spätzle-Schwob von Robert Kull	31
Famos von Josef Rieger	31
Handtmann-Presse von Arthur Handtmann	31
Spätzlepresse von Wilhelm Spiegler	33
Ha-no	33
Spätzlewunder System Bulling von Manfred Bulling	33
Spätzlepresse mit Nasenkerbe und mit Zahnstange	33
Spätzlemühle	35
Spätzlemühle der Firma Hünersdorff	35

Vorwort

Mit Spätzle bin ich aufgewachsen. Als kleines Kind habe ich meiner Mutter beim Spätzlekochen zugesehen. Seit vielen Jahren schon schwinge ich selber den Kochlöffel. Meine Spätzlebegeisterung und Sammelleidenschaft rühren jedoch nicht – wie Sie nun sicher vermuten – vom Kochen, sondern kommen daher, dass ich historische Spätzlegeräte so faszinierend und eindrucksvoll finde. Mit einer Spätzlemaschine namens Dreifuß, die ich in den 90er-Jahren für etwa 25 DM auf dem Flohmarkt erstanden habe, fing alles an. Das Gerät, ein großes dreibeiniges, eisernes Ungetüm für den Privatgebrauch, zog mich sofort in seinen Bann. Schon damals beeindruckten mich die Kreativität und Fantasie der Tüftler, die Spätzlemaschinen und -geräte erfinden. Viele verschiedene Modelle entdeckte ich über die Jahre, von denen jedes eine eigene spannende Geschichte zu erzählen hat. Und so führte eines zum anderen: Von 2013–2020 führte ich in Bad Waldsee in einem fünfhundert Jahre alten Wehrturm das erste Spätzlemuseum der Welt. Im Museum erfuhren Besucher alles über die liebsten Speisen der Schwaben, die Spätzle und Knöpfle: von zahlreichen Geräteerfindungen für ihre Zubereitung über unterhaltsame Geschichten, wie sie mitunter nur das Leben selbst schreibt, bis hin zu leckeren Zubereitungsarten. Manche Museumsbesucher brachten mir sogar Rezepte, Tipps und wissenswerte Informationen rund um die Spätzle und Knöpfle vorbei.

Damit auch Sie, liebe Leserinnen und Leser, am bunten Wissen teilhaben können, habe ich für Sie dieses Büchlein zusammengestellt. Der Erlös kommt dem Spätzlemuseum, das zukünftig als Wandermuseum den Menschen Freude schenken wird, zugute. Viel Vergnügen wünsche ich Ihnen beim Stöbern und Entdecken.

Ihre Heidi Huber

218. Stärkung geschwächter Augen.

Für Augen, welche durch nächtliche Arbeit oder sonstigen Zufällen geschwächt, roth und selbst triefend werden, ist das Einziehen des Dunstes von kölnischem Wasser ein wirksames Heilmittel. Am zweckmäßigsten braucht man es, wenn man damit die hohle Hand anfeuchtet und sie vor die Augen hält. Oder man bestreicht die Augendeckel täglich mit Rosmaringeist. Wer es braucht, wird sich auf der Stelle gestärkt an Sehkraft und ermuntert fühlen. Der Dampf von frisch gebranntem Kaffee ist für die Augen sehr wohlthätig.

220. Kopfweh.

Bei Kopfweh in Fiebern nützen kalte Umschläge mit Essig und Wasser, Brodrinde in Essig getaucht, oder Zitronenscheiben auf die Stirn gebunden; bei vollblütigen Personen Blutegel an die Schläfe, Fußbäder mit Asche,

Für ein unbeschwertes Lesevergnügen

Falls Ihnen, liebe Leserinnen und Leser, bei der Lektüre die Augen brennen, weil Sie nicht mehr aufhören können zu lesen oder Sie das Wetter mit Kopfweh plagt, lege ich Ihnen zwei altbewährte Rezepte ans Herz, die ich im »Vollständigen Bayerischen Kochbuch für alle Stände« aus dem Jahr 1843 von Maria Katharina von Daisenberger gefunden habe.

Stärkung geschwächter Augen

Für Augen, welche durch nächtliche Arbeit oder sonstigen Zufällen geschwächt, roth und selbst triefend werden, ist das Einziehen des Dunstes von kölnischem Wasser ein wirksames Heilmittel. Am zweckmäßigsten braucht man es, wenn man damit die hohle Hand anfeuchtet und sie vor die Augen hält. Oder man bestreicht die Augendeckel täglich mit Rosmaringeist. Wer es braucht, wird sich auf der Stelle gestärkt an Sehkraft und ermuntert fühlen. Der Dampf von frisch gebranntem Kaffee ist für die Augen sehr wohlthätig.

Kopfweh

Bei Kopfweh in Fiebern nützen kalte Umschläge mit Essig und Wasser, Brodrinde in Essig getaucht, oder Zitronenscheiben auf die Stirn gebunden; bei vollblütigen Personen Blutegel an die Schläfe, Fußbäder mit Asche, ...

... Jetzt bin ich mir sicher, dass ich mich nicht zu den vollblütigen Personen zähle.

Kleine Spätzle- und Knöpflekunde

Haben Sie sich schon einmal gefragt, ob Knöpfle und Spätzle typisch schwäbisch sind? Wo ihre Namen herkommen? Was sie unterscheidet? Wer all die Eier bei ihrer industriellen Produktion aufschlägt? Ob Spätzle und Nudeln quasi das gleiche sind? Spannende Gemeinsamkeiten, Unterschiede und Besonderheiten der Teigspeisen – quasi eine kleine Spätzle- und Knöpflekunde – erwartet Sie in den folgenden Kapiteln. Selbst die eingefleischten Spätzle- und Knöpfleliebhaber unter Ihnen werden Neues entdecken – ich bin mir sicher.

Schwäbische Qualitätsprodukte

Bekanntheit genießen Spätzle und Knöpfle als schwäbische Produkte. Dank der Europäischen Union tragen sie dieses Gütemerkmal nun sogar amtlich. Im Jahr 2012 zeichnete die EU Spätzle und Knöpfle mit dem EU-Qualitätssiegel »g.g.A« aus. Das Kürzel »g.g.A.« steht für »geschützte geographische Angaben«. Das bedeutet, Knöpfle und Spätzle sind offiziell und in ganz Europa als »regionale Spezialitäten« anerkannt.

Schwäbische Spezialitäten wohlgemerkt! Um dieses Prädikat tragen zu dürfen, muss mindestens ein Produktionsschritt im Bundesland Baden-Württemberg oder im Regierungsbezirk Schwaben des Bundeslandes Bayern erfolgen. Ausnahmen gehören allerdings zur Regel: Die Zutaten dürfen aus anderen Regionen stammen. Zusätzliche Manufakturschritte können in anderen Regionen durchgeführt werden. Sei's drum. Spätzle und Knöpfle sind schwäbische Spezialitäten. Die EU hat's zertifiziert. Das Schwabenherz freut's.

Ein formaler Unterschied

Neben dem EU-Qualitätssiegel haben die Spätzle und Knöpfle ein weiteres gemeinsames Merkmal. Das sind die Grundzutaten, die für ihre Zubereitung verwendet werden: Mehl, Eier, Wasser und Salz. Ihr großer Unterschied besteht in ihrem Aussehen. Das wiederum ist technisch bedingt. Es gibt viele Gerätschaften, um Spätzle und Knöpfle zuzubereiten. Doch darüber später mehr. Das Küchenwerkzeug ist also für ihre Form verantwortlich und die könnte bei Spätzle und Knöpfle unterschiedlicher nicht sein. Die langen Fäden, die mal dicklich oder dünn, ungleichförmig oder gleichförmig aussehen, heißen Spätzle. Die kleinen

Knubbel Knöpfle. So weit die Theorie. In der Praxis herrscht leider Gottes ein heilloses Benennungsdurcheinander, wie Karl Lerch in seinem »Spätzle Brevier« berichtet: Knöpfle werden nämlich gerne auch Spätzle genannt. Der Bezeichnungswirrwarr hängt mutmaßlich damit zusammen, dass Spätzle und Knöpfle ursprünglich beide Knötlein (Knödel) gewesen sind. Die Knödelform – genau genommen eine längliche Knödelform – soll sich nämlich erst mit der Zeit zur feinen Spätzleform und zur knubbeligen Knöpfleform gewandelt haben.

Den Namen auf der Spur

Verwirrung stiftet nicht nur das Aussehen der Spätzle und Knöpfle, auch die Herkunft ihrer Benennungen sorgt für einiges Kopfzerbrechen. Warum heißen Spätzle Spätzle, was hat es mit der gleichbedeutenden Bezeichnung »Spatzen« auf sich, und wie kommen die Knöpfle zu ihrem Namen? Erklärungsversuche gibt es viele. Spätzlefachmann Karl Lerch zufolge sind all diese Herleitungen sehr wahrscheinlich.

Einer möglichen Erklärung zufolge leitet sich das Wort »Spätzle« vom italienischen »spezzare«, »in Stücke schneiden«, ab. Einer anderen Erklärung nach, stammt das Wort »Spätzle« von »Batzen«, dem schwäbischen Wort für einen Klumpen. Laut einer dritten Erklärung rührt die Bezeichnung »Spätzle« daher, dass die schwäbische Hausfrau den Teig so vorsichtig wie einen Spatzen in ihren Händen hielt, um daraus kleine Knödel zu formen. Ebenso mit einem Vogel zu tun hat der vierte Erklärungsversuch, dass nämlich die Knödel aussehen wie kleine Spatzen. Diese Erklärung würde mit der Bezeichnung »Löffel-Spatzen« zusammenpassen. Löffelspatzen entstehen, indem der Teig mit einem Löffel geformt wird. Das modellierte Gebilde läuft an beiden Enden spitz zu und sieht dem Körper eines kleinen Vogels, zum Beispiel des Spatzen, ähnlich. Neben der Benennung »Löffel-Spatzen« gibt es eine weitere Bezeichnung für Spätzle, die heute allerdings nicht mehr gebräuchlich ist, sie lautet »Bettelleits Nudla«. Wahrscheinlich rührt diese Benennung daher, dass sich Spätzle, da sie aus wenigen und günstigen Zutaten bestehen, sogar arme, bettelnde Leute leisten konnten.

Auch über die Herkunft des Wortes »Knöpfle« gibt es mehrere Annahmen, so zum Beispiel die folgende: Im Schwäbischen bezeichnet man einen Knoten mundartlich als Knopf. Genau wie ein Knoten sehen Knöpfle auch aus. Es ist daher denkbar, dass der Name auf ihr knotenförmiges Aussehen zurückgeht. Einer anderen Erklärung zufolge bezeichnet das Wort »Knöpfle« die verkleinerte Form eines Knödels.

Ob Knoten oder Knödel, Spatz, Klumpen oder in Stücke schneiden – wie die »Spätzle« und »Knöpfle« zu ihren Namen gekommen sind, wissen wir leider nicht. Die Erklärungen sind alle sehr wahrscheinlich. Ein sicherer Beleg fehlt. Das Schöne aber ist, sie beleben unsere Fantasie.

Spätzle und Nudeln

Museumsbesucher fragen mich hin und wieder, was der Unterschied zwischen Spätzle und Nudeln sei. Das ist eine spannende Frage. Was die Zutaten anbelangt gibt es fast keinen Unterschied. Mehl, Wasser, Salz und Eier gehören zu den Grundzutaten beider Teigspeisen. Ihre Dosierung ist das Geheimnis. An die Nudeln kommen manchmal weniger, manchmal gar keine Eier, und für die Spätzle gilt, je mehr Eier, desto besser. Auf diese Weise entsteht eine je andere Teigkonsistenz. Der Spätzleteig ist klebriger. Er wird ins kochende Wasser geschabt, gepresst, gehobelt, gedrückt oder geleert. Der Nudelteig hingegen ist fester. Er wird zuerst ausgelegt, dann bearbeitet und anschließend meistens etwas getrocknet, bevor er ins heiße Wasser darf.

Zudem gibt es einen Unterschied, der spürbar ist.
Stellen Sie sich vor, Sie sagen zu Ihrem Herzblatt:
»Du bisch mei Nudel.«
(Du bist meine Nudel.)
Und dann sagen Sie:
»Du bisch mei Spätzle.«
(Du bist mein Spätzle.)
Merken Sie was? Ja, genau! Das ist der große Unterschied!
Spätzle: Eine Herzenssache!

Lieber gekaufte als gar keine Spätzle

Spätzle und Knöpfle gibt es, der maschinellen Produktion sei Dank, fast überall zu kaufen. Falls die Zeit drängt oder der spontane Heißhunger einsetzt, lautet die Lösung: Tüte aufreißen, Inhalt in den Kochtopf, circa fünfzehn Minuten kochen, Wasser abgießen, fertig.

Bis die Spätzle und Knöpfle abgepackt in Tüten liegen, finden mehrere Produktionsschritte statt: das Mischen der Rohstoffe, das Kneten und Ausformen des Teigs, das Vor- und Endtrocknen der noch feuchten Spätzle und Knöpfle, ihre Zwischenlagerung, und schließlich das Verpacken der Teigwaren. Ein besonders heikler Arbeitsvorgang dabei ist die Verarbeitung der Eier. Sie sind die kniffligste Spätzle- und Knöpfle-Zutat. Die Eier richtig aufzuschlagen, ist in der industriellen Produktion eine ebenso große Herausforderung wie beim Kochen in der heimischen Küche. Es sollen schließlich keine Eierschalen in die Teigwaren gelangen. Betriebe verwenden zu diesem Zweck spezielle Eieraufschlagmaschinen. Die Leistung der monströsen Apparaturen ist immens. Die Maschinen beispielsweise, die die Firma Buck nutzt, schlagen circa 72.000 Eier in der Stunde auf. Die Quote der Firma ALB-GOLD ist mit 54.000 Eiern pro Stunde

Lebensmitteltüte mit Werbung der Firma M. Ludwig, Vorder- und Rückseite

Eieraufschlagmaschine der Firma Buck, 1950/60er-Jahre

Moderne Eieraufschlagmaschine der Firma Buck

Ein Vakuumsauger hebt die Eier aus den Kästen

Eier-Karussell der Firma ALB-GOLD

ebenso beachtlich. Nur zum Vergleich: Die Leistung alter Eieraufschlagmaschinen aus den 1950/60er-Jahren schätzt Buck auf 400 bis 500 Eier in der Stunde. Was für ein Unterschied! Auch das Aufschlagverfahren hat sich im Laufe der Jahre gewandelt. Während in den 50er-Jahren Eier noch an ihren Spitzen mit Löchern versehen und dann ausgeblasen wurden, werden die Eier heute mit einem Messer in der Mitte getrennt und entsprechend entleert. Allein die Reinigung einer solchen Maschine dauert noch immer ihre Zeit. Laut ALB-GOLD bis zu zwei Stunden.

Wenn die Spätzle und Knöpfle schließlich goldgelb in Tüten abgepackt liegen, gehen sie weiter in den Versand. Selbstverständlich haben sich auch die Versandverpackungen über die Jahrzehnte gewandelt. Wo heute Pappkisten für den Transport dienen, waren früher Holzkisten im Einsatz.

Die alten Kästen versprühen einen Hauch von Nostalgie. Den möchte ich Ihnen, liebe Leserinnen und Leser, natürlich nicht vorenthalten. Es ist ihre Mischung aus rustikalem Holz und farbenfroher Werbung, die den Reiz der Kisten ausmacht. Ob mit peppig-moderner orange-blauer farblicher Gestaltung wie bei der Kiste der Firma Schüle, bei der die Deckelklappe und die Kistenwände für Werbezwecke genutzt wurden; oder ob mit wundervoll traditionellem Design durch Fraktur-Schriftzüge und mit blau-weißer Farbgebung wie bei der Kiste der Firma Hensel. Transportkisten können so schön sein. Wenn die Spätzle und Knöpfle dann endlich in den Auslagen der Feinkostläden und Supermärkte liegen, beginnt die Arbeit der Gourmands, für die lediglich dreierlei zu tun bleibt: Kaufen, kochen und genießen.

Transportkiste der Firma Hensel

Tranksportkiste der Firma Schüle

Versandstempel auf der Transportkiste der Firma Schüle

Löffelspatz

Spätzlelöffel

Drahtschaumlöffel

Schöpflöffel, auch Abseilöffel, Schaumlöffel oder Schaumkelle genannt

Spätzle-Kochlöffel für große und kleine Köche

Spätzle- und Knöpflegeräte

Faszinierend, wie viel Erfindergeist über die Jahrzehnte in die Entwicklung von Spätzle- und Knöpflegeräten geflossen ist. Manche Tüftler entwickelten Küchenrequisiten, mit denen sich Spätzle zubereiten lassen, die aussehen wie handgeschabt. Andere erfanden Maschinen, mit denen Spätzle besonders lang werden. Wieder andere schufen Apparaturen, die sowohl Spätzle als auch Knöpfle oder nur Knöpfle formen. Dank des Ideenreichtums vieler kreativer Köpfe gibt es eine gehörige Auswahl an Spätzle- und Knöpflegeräten wie: Löffel, Brett mit Schaber, Presse, Mühle, Hobel, Schabgerät, Walze und Spätzlemischer. Sicher tüftelt just in diesem Augenblick wieder ein schlauer Konstrukteur an einer neuen Erfindung. Mit der nachfolgenden Zusammenstellung möchte ich Ihnen ein paar besonders gebräuchliche, schöne und interessante Modelle vorstellen. Manche der Geräte sind inzwischen nur noch secondhand erhältlich. Nicht immer war es mir möglich, für jedes Modell alle gewünschten Informationen zusammenzutragen. Den einen oder anderen Aha-Moment garantiere ich Ihnen dennoch.

Löffel

Löffel ist nicht gleich Löffel. Die Unterschiede zwischen den einzelnen Löffelarten sind vielgestaltig. Es gibt sie in groß und klein, aus Holz, Aluminium, rostfreiem Edelstahl und Kunststoff, mit und ohne Löcher, aus einem Guss oder aus Draht gebunden. Und das ist noch nicht einmal die Hälfte der Wahrheit über das Besteck und Küchenwerkzeug. Für die Zubereitung köstlicher Spätzle und Knöpfle können viele unterschiedliche Löffel zum Einsatz kommen. Sie alle sehen etwas anders aus. Das hängt mit ihrer Funktion zusammen.

KOCHLÖFFEL

Der Kochlöffel darf in keiner Küche fehlen. Schon gar nicht in einer Spätzle- und Knöpfle-Küche. Er hilft beim Verrühren der Zutaten und beim Schlagen des Teiges. Der Spätzlekoch gebraucht aber keinen x-beliebigen Kochlöffel, sondern einen Kochlöffel mit Loch. Sicher haben auch Sie sich schon einmal gefragt, wofür das Loch im Löffel gut ist. Die Antwort ist so spannend wie einfach. Durch das Loch im Löffel lässt sich der Teig viel leichter aufschlagen. Es bewirkt, dass der Widerstand beim Teigschlagen geringer und daher weniger Kraft erforderlich ist. Außerdem kommt durch

Spätzlebrett mit Schaber

Geschabtes Spätzle

Handschaber (v.l.n.r.): rechteckiger Schaber, trapezförmiger Schaber, abgewinkeltes Spätzlemesser, Palette

Spätzlebretter in ihrer Vielfalt

Übrigens: Auf so einem Spätzlebrett hat Norbert Kirsch, der Weltmeister im Spätzleschaben, 1982 in 24 Stunden 555 Kilogramm Spätzle geschabt!

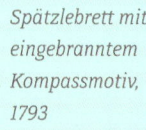

Spätzlebrett mit eingebranntem Kompassmotiv, 1793

Schabbrett mit Gebrauchsspuren: An der Abnutzung am Eck ist deutlich zu erkennen, dass die Hausfrau, die dieses Spätzlebrett benutzte, übers Eck geschabt hat

Schaber für Linkshänder (links) und für Rechtshänder nach Thomas Eberle

Schaber für Linkshänder (links) und für Rechtshänder nach Ernst Bauer

das Loch mehr Luft in den Teig, was ihn lockerer macht.

SPÄTZLELÖFFEL

Schau an, was ich hier noch für einen Löffel aufgegabelt habe: einen Spätzlelöffel. Im Unterschied zum Kochlöffel besitzt der Spätzlelöffel nicht nur ein Loch, sondern viele. Die Löcher sind zum Hindurchstreichen des Spätzleteigs gedacht. Das funktioniert super simpel. Man hält den Löffel über einen Topf mit kochendem Wasser, streicht dann den Teig durch den Löffel, so dass die rohen Spätzle direkt ins Kochwasser fallen. Das klappt so gut, weil die Lochränder leicht angeschliffen sind. Wichtig ist, dass der mit Spätzleteig beklebte Löffel nicht ins heiße Wasser taucht, da der Teig sonst die Löffellöcher verschließt.

SCHÖPFLÖFFEL

Wenn die Spätzle und Knöpfle gar gekocht sind, sollten sie aus dem Wasser geschöpft werden. Hierzu verwenden Köche einen Schöpflöffel. Er besitzt mehrere Löcher und sieht dadurch dem Spätzlelöffel sehr ähnlich. Das Schöpfwasser kann durch die Löcher im Nu ablaufen. Das praktische Haushaltsgerät gibt es auch als Drahtgestell und mit Siebkopf. Übrigens: Ob die Spätzle gar sind, erkennen Sie daran, dass sie an der Wasseroberfläche schwimmen. Wenn das der Fall ist, sollten sie am besten noch 1 Minute im Wasser aufkochen. Erst dann ist der richtige Zeitpunkt erreicht, die Spätzle mit dem Schöpflöffel aus dem Topf zu heben.

Spätzlebrett

Mindestens ein Spätzlebrett nennt jeder Spätzlekoch sein Eigen. Das Brett sieht aus wie ein herkömmliches Brotbrettchen, aber nur auf den ersten Blick. Der Unterschied versteckt sich im Detail. Das Spätzlebrett besitzt einen Griff zum Festhalten. Der ermöglicht eine leichte Handhabung. Die Fläche des Spätzlebretts ist keilförmig, entweder über die gesamte Brettlänge oder nur am Brettende. Dank der Keilform gleiten die Spätzle vorsichtig ins Wasser, anstatt zu plumpsen. Am besten funktioniert das Spätzlebrett angefeuchtet. Das kurze Eintauchen des Holzes in kochendes Wasser ermöglicht, dass der Teig leicht vom Brett rutscht. Vergleichbar mit einer nassen Straße ...

Mit ein wenig Übung geht das Schaben vom Spätzlebrett kinderleicht. Einfach zwei Esslöffel zähflüssigen Spätzleteig aufs Holz geben, am besten auf die untere zum Kochtopf gerichtete Bretthälfte. Danach den Teig auf dem Brett glattstreichen. Wichtig ist, dass der Teig dünn ausgestrichen wird. Mit dem Spätzleschaber oder -messer dann kleine Teigstreifen ins Wasser schaben. Die Schabtechnik ist Geschmackssache: Die einen schaben übers Bretteck, damit die Spätzle nicht so lang werden. Andere schaben über die ganze Breite des Bretts. Wichtig ist nur, dass der Teig im kochenden Wasser landet.

Dank Erfindern wie Ernst Bauer und Thomas Eberle können sich Rechtshänder wie Linkshänder gleichermaßen in der Spätzleschabkunst probieren, mit Scha-

1-Fuß

3-Fuß

4-Fuß

2-Fuß

Lebensgroße Museumspuppe veranschaulicht, wie ein Dreifuß verwendet wird

3-Fuß

bern, die jeweils genau auf sie zugeschnitten sind.

Spätzlepresse

Wer eine komfortable Alternative für das Spätzlebrett sucht, findet sie mit der Spätzlepresse. Wegen ihres teils ähnlichen Aussehens lassen sich Spätzlepressen in zwei Gruppen einteilen: in Fuß- und in Zweiarmpressen. Die Namen verraten, was die beiden Typen im Kern unterscheidet. Die einen stehen auf festen Füßen und gleichen einem Oktopus oder einem Schemel. Die anderen vermitteln den Eindruck, als besäßen sie zwei Arme, und sehen einer Kartoffel- oder Knoblauchpresse sehr ähnlich. Formen, Größen, Farben und Namen haben sie viele, wie zum Beispiel: Famos, Ha-no, Handtmann, Holzpresse, Kipp, Teck, Spätzle-Schwob und System Bulling, Spätzlepressen von Philipp Mehne, Ottmar Camerer, Valentin Leiber, Wilhelm Spiegler und von der Luftschiffbau Zeppelin GmbH. Jede Spätzlepresse sieht auf ihre Weise reizvoll aus. Sie alle besitzen einen zylinderförmigen Topf, der mit Teig gefüllt, und einen Stempel, mit dem der Teig durch das Lochsieb am Topfboden hindurchgepresst wird. Da der Stempel den Teig drückt oder – schwäbisch formuliert – druckt wie ein Poststempel (nur ohne Konturen), wird die Spätzlepresse gerne auch Spätzledrücker oder Spätzledrucker genannt. Da das Drucken auch wunderbar mit Kartoffeln klappt, werden die Geräte gerne zu Kartoffelpressen umfunktioniert. Für die Knöpflezubereitung sind Spätzlepressen hingegen nicht geeignet, weil sie längliche Fäden, die Spätzle, prägen und keine dicken Bollen, also Knöpfle. Ganz lange Spätzle entstehen, indem der Stempel den Teig ohne abzusetzen durchdrückt. Durch Unterbrechen des Druckvorgangs bilden sich etwas kürzere Spätzle. Abwechslung ermöglichen zudem austauschbare Siebböden. Je mehr unterschiedliche Siebe eine Presse zum Wechseln besitzt, umso größer ist die Spätzlevielfalt auf den Tellern. Darüber hinaus können Pressen mit mehreren Sieben für die Zubereitung vieler anderer Speisen verwendet werden.

FUSSPRESSE

Ihr Design macht sie zu einem Blickfang in jeder Küche: die Fußpressen, ebenso bekannt sind sie als Spätzlemaschinen. Leider gibt es die Pressen mit dem meist industriellen, futuristischen und krakenähnlichen Aussehen heute nicht mehr im regulären Handel zu kaufen. Auf Flohmärkten und Online-Verkaufsforen stehen die Chancen noch gut. Die Füße bzw. Beine, egal ob ein, zwei, drei oder vier, sind ihr charakteristisches Merkmal. Sie verschaffen den Geräten stabilen Stand und eine gewisse Größe. Oder, wie im Fall einbeinige Druckmaschinen, die Möglichkeit zum Festschrauben. Von den vielfüßigen Schmuckstücken ist der Dreifuß die meist verbreitete Spätzlepresse. Ich selber habe einen Dreifuß zu Hause stehen, nicht in Gebrauch, sondern als Eyecatcher, versteht sich.

Privat = Anzeigen.

Rottweil.
Empfehlung meiner neuerfundnen Knöpfle- (Spätzle) Maschine.

Diese selbst erfundene Maschine hat eine ebenso einfache als dauerhafte Einrichtung, und können mit dieser in einigen Minuten für 10 bis 12 Personen kleine, gleichförmige (Nudeln ähnliche) Spätzle ohne Mühe eingelegt werden.

Indem ich dieses nützliche Küchen-Requisit, welches auf jedem Herd und Geschirr anwendbar ist, zu zahlreicher Abnahme bestens empfehle, füge ich noch bei, daß ich solches zu dem billigen Preise von **4 fl. 30 kr.** erlassen kann.

Ottmar Camerer, Zinngießer, ob dem Rathhaus wohnend.

Rottweil.
Nachricht für Auswanderer nach Amerika.

Die Ueberfahrts-Preise von Straßburg über Havre nach New-Orleans betragen jetzt nur noch

für eine erwachsene Person	65 fl. — kr.,
" Kinder	47 fl. 20 kr.

Die Abfahrt in Havre findet den 10. und 20. Dezember, auch 1. Januar, statt, und können Ueberfahrts-Verträge täglich abgeschlossen werden, mit

C. E. Held.

Heilbronn.
Auswanderung nach Amerika.

Das vortreffliche neue Bremer=Schiff „Wichelhausen", Kapitän Warnken, habe ich zur Abfahrt ab Rotterdam nach New-York — p. 20. Dezember d. J. angelegt — und übernehme Passagiere zu dem äußerst billigen Preise von **45 Gulden p. Erwachsenen, und 39 Gulden p. Kind**; die Anmeldungen müßten mir aber sogleich gemacht werden.

C. Stählen, res. Notar.

Werbeanzeige für die Spätzlemaschine Camerer, 1847

Holzpressen in unterschiedlichen Größen

Holzpresse mit eckigem Stempel

Holzpresse, Draufsicht

Knöpflemaschine von Philipp Mehne

Als die Mutter aller Spätzlemaschinen gilt die Spätzlemaschine von Philipp Mehne. Der Schlosser aus Schwenningen erfand sein Küchengerät im Jahr 1786. Wie Mehnes Apparatur aussieht, ist leider nicht überliefert. Es ist anzunehmen, dass die »Knöpflemaschine« genannte Presse eine Fußpresse war. Die praktische Erfindung sollte geplagten Hausfrauen das Kochen erleichtern. Die Knöpfle, welche die Köchinnen aus Mehnes Maschine pressten, sahen nicht wie traditionelle Knöpfle aus, sondern wie wohlgeformte, lange, im Querschnitt runde Teigstränge. Wie Spätzle eben.

Knöpfle-(Spätzle-)Maschine von Ottmar Camerer

Im Jahr 1847 bewarb Ottmar Camerer, ein Zinngießer aus Rottweil, in der lokalen Rottweiler Zeitung seine selbst erfundene Knöpfle-(Spätzle-)Maschine. Wahrscheinlich war das Gerät eine Fußpresse. Ihr Name »Maschine« deutet auf das für Fußpressen typische industriell-technische Aussehen hin. Fußpressen gab es um 1850 zudem bereits, wie ein Exponat im Spätzlemuseum belegt. Gebaut hatte Ottmar Camerer seine Knöpfle-(Spätzle-)Maschine für die Zubereitung gleichförmiger Spätzle. Eine Erklärung für den Maschinendoppelnamen »Köpfle-(Spätzle-)« gibt Camerer nicht. Es ist denkbar, dass er 1847 die Werbeanzeige für seine Maschine im selben Jahr schaltete, in dem er zugleich die Presse erfand. Sieben Jahre später, 1854, wanderte Ottmar Camerer, der unter anderem Flinten, Pistolen, scharfe Patronen und Bleikugeln goss, aus politischen Gründen mit seiner Frau und seinen zwei Kindern in die USA aus, wo er ein paar Jahre später verstarb.

Holzpresse

Manche sehen aus wie ein Holzschemel, über dem ein Arm reckt: die Holzpressen. Stand finden die Geräte, auf drei oder auf vier Beinen. Ihre Nutzer bauten sie meist selbst. Orgelpfeifenähnlich gibt es die Holzpressen in verschiedenen Größen. Kleine Modelle dienten der Zubereitung kleiner und große entsprechend der Zubereitung großer Spätzlemengen. Handlich, wie die kleinen Holzdrucker sind, wurden sie zum Teigpressen auf den Kochtopf gelegt. Die großen Pressen sind hoch genug, um einen Topf darunter zu schieben. Der armähnliche Hebelarm hilft, den Stempel in die Holzvertiefung und so den Teig durch den Siebboden zu drücken. Exemplare mit einem eckigen Stempel sind weitaus seltener als mit einem runden. Die Nachteile der eckigen Pressen liegen auf der Hand oder vielmehr der Spätzleteig in den Ecken.

Teck

Zu den dreibeinigen Spätzlepressen mit krakenähnlichem Aussehen gehört die Spätzle-Maschine »Teck«. Die Presse gab es in kleiner und großer Ausführung. Privathaushalte und Wirtschaften nutzten die »kleine Teck«. Sie besaß ein Teigfassungsvermögen von 1,5- bzw. 3-Liter. Die Kurbel saß auf dem kleinen Gerät obenauf. Die »große Teck« war für Großkantinen vorgesehen. Ihr Fassungsvermögen betrug 7 bzw. 20 Liter. Sie verhalf

Valentin Leiber

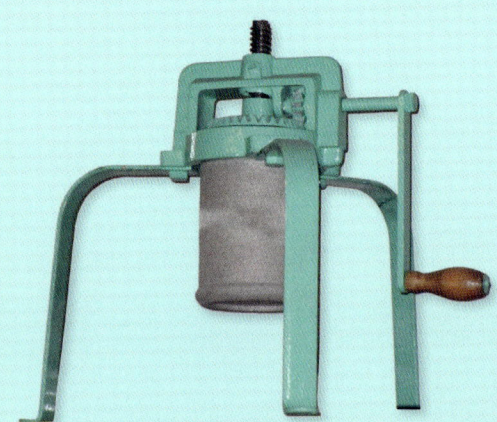

Spätzlemaschine von Valentin Leiber

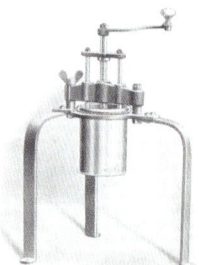

Infoblatt für die kleine Spätzlemaschine »Teck«

Infoblatt für die große Spätzlemaschine »Teck«

Erfinder Heinrich Kipp

Werbeplakat, 40er-Jahre

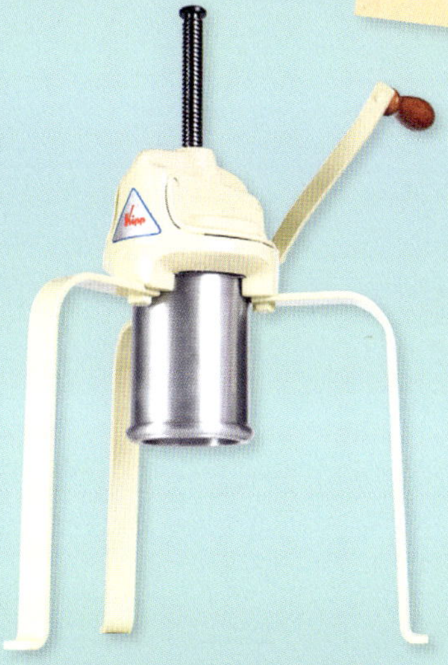

Spätzlemaschine »Original Kipp«

Messestand, o.J.

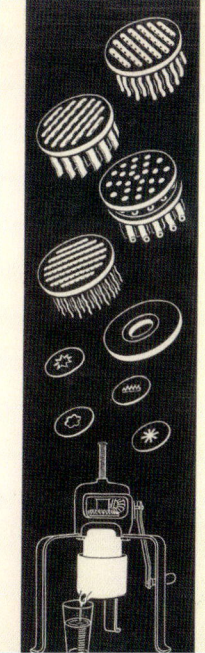
Einsätze-Vielfalt der Original Kipp

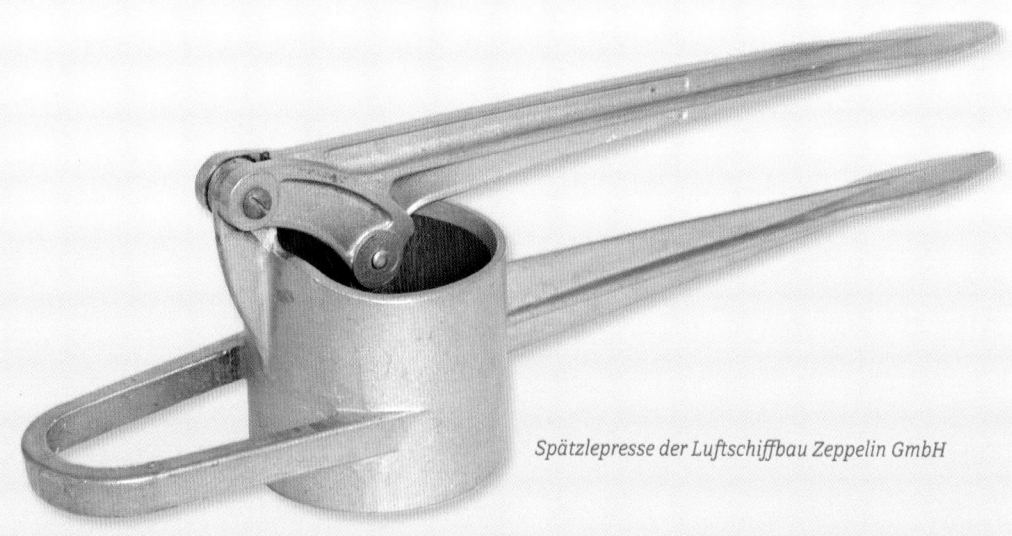

Spätzlepresse der Luftschiffbau Zeppelin GmbH

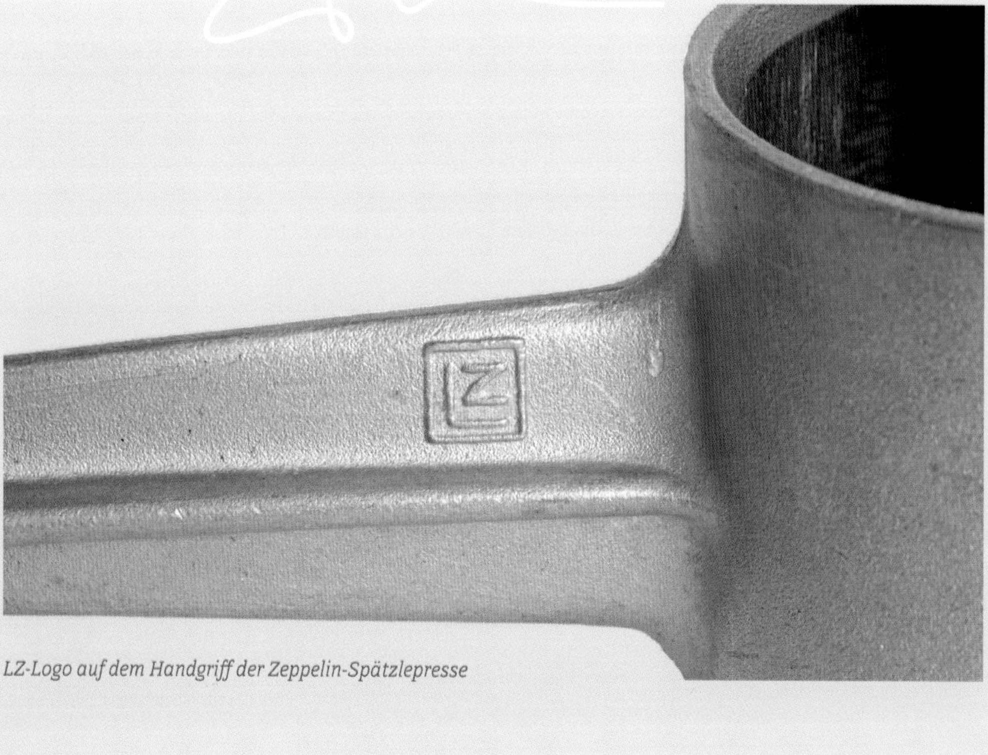

LZ-Logo auf dem Handgriff der Zeppelin-Spätzlepresse

den Werkküchen in kurzer Zeit zu einer beachtlichen Menge Spätzle. Das entsprechend große Kurbelrad trug der große Dreibeiner an der Seite. Die nackte mechanisch-metallene Anmutung der Teck lässt sie aus heutiger Sicht wie ein Designobjekt erscheinen. Wann die Rarität, von der ich leider kein Exemplar im Spätzlemuseum habe, erstmals produziert wurde, ist unbekannt.

Spätzlemaschine von Valentin Leiber
Seit 1933 baute Valentin Leiber Spätzlemaschinen. Zu allem Unglück plünderten 1945 französische Soldaten seine Werkstatt und entwendeten alle vorrätigen Spätzlegeräte. Zwei Jahre später, 1947, erfand Leiber eine neue Spätzlemaschine: einen grünen Dreifuß mit seitlicher Kurbel und drei Siebeinsätzen. Während die Kurbel von Leibers älterer Presse noch klassischerweise auf der Maschine obendrauf saß, befindet sich die Kurbel bei der Bauart von 1947 seitlich am Gerät. Das neue Modell mit Seitenkurbel bedeutete einen technischen Fortschritt der Leiberpresse, denn es besitzt eine Zahnradübersetzung, durch die der Kraftaufwand beim Kurbeln viel geringer ist als bei Leibers Vorgängermodell.

Original Kipp von Heinrich Kipp
Heinrich Kipp aus Holzhausen meldete im Jahr 1948 seine Variante einer Haushaltspresse mit drei Beinen beim Patentamt an. Das Besondere an der Presse »Original Kipp« sind ihre fünf verschiedenen Größen und vor allem ihre sieben unterschiedlichen Presssiebe. Die kleine Kipp mit kleinem Teigbehälter half besonders beim Kochen in privaten Haushalten, die große Kipp in Großküchen und der Gastronomie. Fabelhaft vor allem für die Hausfrau war, dass sie mit Kipps Dreifuß nicht nur Spätzle, sondern, wenn sie die vielen verschiedenen Einsätze wechselte, auch viele andere Speisen zubereiten konnte, zum Beispiel Maccheroni, Erbsenpüree und Saft. Ein Multifunktionsgerät eben.

ZWEIARMPRESSE
Zweifelsohne ist sie das gebräuchlichste Spätzlegerät: die Zweiarmpresse. Ihre langen Griffe, die sich wie zwei Arme öffnen und schließen, sind ihr besonderes Merkmal. Zweiarmpressen sehen alle sehr ähnlich aus. Die Geschichten hinter den Pressen sind dagegen sehr verschieden. Ihre Funktionsweise wiederum ist stets die gleiche: Den Zylinder mit Teig füllen. Die Presse circa 20 cm über einen Topf mit kochendem Salzwasser halten und die Hebelarme mit beiden Händen fest zusammendrücken, sodass der Stempel den Teig durch die Teigaustrittslöcher presst.

Spätzlepresse der
Luftschiffbau Zeppelin GmbH
Ausgesprochen interessant ist, dass selbst die Luftschiffbau Zeppelin GmbH (LZ) einmal Spätzlepressen produzierte. Infolge der Bestimmungen des Vertrags von Versailles 1920 musste sich die Luftschiffbau Zeppelin GmbH auf neue Produkte umstellen. Vorübergehend stellte sie Spätzlepressen und anderes Kochgeschirr her, um die Aluminiumgießerei im Unter-

Infobroschüre für die Robert-Kull-Spätzlepresse

Kull-Spätzlepresse unmittelbar nach dem Gießen

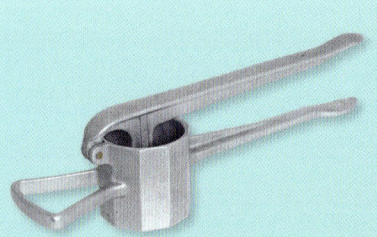

Die 10-eckige Spätzlepresse
»Famos« von Josef Rieger

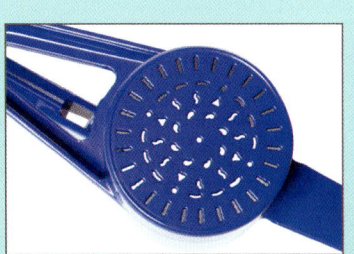

Kull-Spätzlepresse mit unregelmäßiger
Lochform und Kunststoffbeschichtung

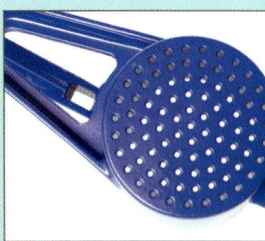

Kull-Spätzlepresse mit runder L
form und Kunststoffbeschichtu

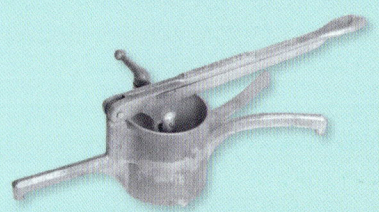

Handtmann-Presse

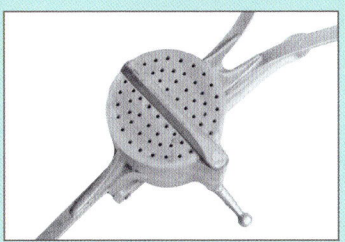

Handtmann-Presse mit
geschlossenem Abstreifer

Handtmann-Presse mit
geöffnetem Abstreifer

nehmen überhaupt zu beschäftigen. Schon recht bald übernahm die Gießerei Aufträge der Automobilindustrie, für die sie Motorgehäuse und andere Gussteile für Fahrzeuge aller Art goss. Nach 1945 nahm die LZ GmbH kurzfristig erneut eine Notproduktion von Kochgeräten aus Aluminiumguss auf. Auch in dieser Zeit fertigte die Firma Spätzlepressen.

Spätzle-Schwob von Robert Kull

Im Jahr 1939 meldete der Tüftler Robert Kull aus Bad Cannstatt eine manuelle Teigpresse zum Patent an. Das Gerät bestand aus zwei Teilen, aus einem zylinderförmigen Topf mit Pressboden und einem separaten Handstempel. Es dauerte einige Jahre, bis aus Kulls erstem Modell der praktische Spätzle-Schwob entstand, den es heute noch zu kaufen gibt. Beim Spätzle-Schwob sind Zylinder und Stempel an handlichen langen Griffen befestigt, durch die weniger Kraft beim Teigpressen notwendig ist. Heute gibt es den Aluminium-Spätzle-Schwob sogar hochglanzpoliert, mit Kunststoffbeschichtung und, in vielen bunten Farben. Das Besondere am heutigen Gerät ist, dass sein Hebel ab- und anmontiert werden kann, und das ganze ohne zusätzliches Verbindungselement. Der Hebel wird in die Kerbe am Teigbehälter eingefügt und danach lässt man ihn einrasten. So lässt sich der Spätzle-Schwob leicht zusammen- und auseinanderbauen, was seine Reinigung erleichtert. Modelle mit einer runden und unregelmäßigen Lochform bieten Abwechslung auf den Spätzletellern. Der Spätzle-Schwob eignet sich zum Pressen vieler Speisen wie Gemüse, Obst und Püree, sogar für die Zubereitung von Spaghettieis.

Famos von Josef Rieger

Dass Robert Kull und Josef Rieger den Spätzle-Schwob gemeinsam erfunden haben, ist weitgehend unbekannt. Zum Patent angemeldet wurde der Spätzle-Schwob auf den Namen Robert Kull. Als die Freundschaft der beiden Männer auseinanderging, erlaubte Robert Kull seinem ehemaligen Freund Josef Rieger, weiterhin Spätzlepressen zu produzieren, aber nur unter einer Bedingung: der Zylinder müsse sich ändern. Die Zylinderform änderte sich. Aus dem runden entstand ein 10-eckiger Topf. Die Spätzlepresse mit dem selbstredenden Namen »Famos« war geboren.

Handtmann-Presse von Arthur Handtmann

Um das Jahr 1946 produzierte die Metallgießerei Handtmann aus Biberach erstmals Spätzlepressen und Waffeleisen, und zwar aus Flugzeugwracks. Seine Arbeiter entlohnte Firmeninhaber Arthur Handtmann zusätzlich zum dürftigen Reichsmarklohn mit den wertstoffrecycelten Pressen und Eisen. Die Geräte tauschten die Arbeiter bei den Landwirtsfrauen gegen Lebensmittel ein. Die Handtmann-Presse gibt es nicht mehr im Handel zu kaufen. Nur Mitarbeiter der Firma Handtmann kommen noch in den Genuss der sehr praktischen Spätzlepresssen, die ihnen zu besonderen Anlässen wie beispielsweise Jubiläen überreicht werden. Das Besondere an der Handtmann ist ein Abstreifer an der Unterseite des Pressbodens, der den Spätzleteig sauber von den Sieblöchern löst.

Der Erfinder des Spätzlewunders Manfred Bulling (1930–2015) mit Ehefrau Helga und Autorin Heidi Huber 2014 vor dem Spätzlemuseum Bad Waldsee. In seinen Händen hält Herr Bulling eine Kunststoffausgabe seines Spätzlewunders.

Zylinder der Ha-no Spätzlemaschine

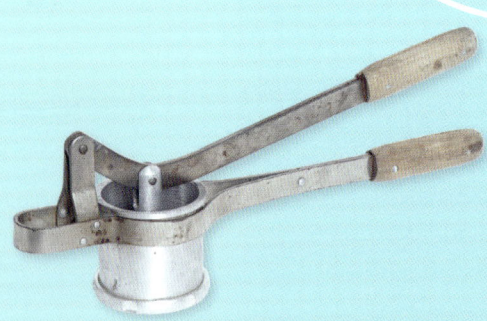

Spätzlepresse mit Holzgriffen von Wilhelm Spiegler

Ha-no Spätzlepresse

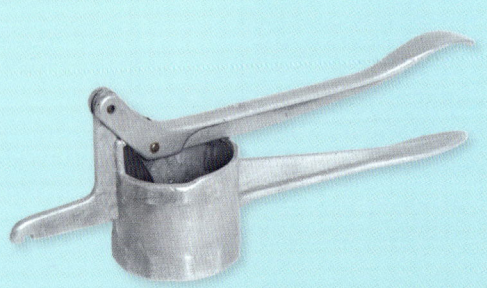

Mehrkantige Spätzlepresse mit Nasenkerbe

Spätzlepresse mit höhenverstellbarer Zahnstange

Spätzlepresse von Wilhelm Spiegler

Diese Aluminiumspatzenpresse mit Holzgriffen und auswechselbarem Siebboden wird heute nicht mehr gefertigt. Konstruiert hat sie Wilhelm Spiegler aus Oberkochern kurz nach dem Zweiten Weltkrieg in seiner firmeneigenen Werkstatt und Gießerei. Weil das Material für ihre Produktion nicht ausreichte, konnte Herr Spiegler die Presse nicht wie gewünscht in großer Menge produzieren. Aus der Not machten er und seine Frau eine Tugend und schenkten jedem jungen Paar der Stadt, das heiratete, eine solche Spätzlepresse. Das Besondere daran ist: Manche der Pressen besaßen dekorative Stanzungen in Herz-, Stern- und Mondform.

Ha-no

Dieses hübsche Gerät, das den Namen »Ha-no« trägt, gibt es leider nicht mehr im Handel zu kaufen. Das Besondere an dieser Presse ist ein Gestell, der den Zylindertopf einrahmt und zum Auflegen auf einen Kochtopf dient. Die Firma Leibfried aus Böblingen stellte die Ha-no-Spätzlepresse 1948/49 für die Firma Kull her. Fünftausend Stück betrug die monatliche Produktionsquote. Doris Stegmaier, eine ehemalige Mitarbeiterin der Firma Leibfried, stiftete dem Spätzlemuseum freundlicherweise ihr Ha-no. Beglückt habe ich das Exponat ausprobiert. Die Presse funktioniert einwandfrei und mit wenig Kraftaufwand. Über die Bedeutung des ungewöhnlichen Namens »Ha-no« lässt sich vergnüglich spekulieren: »Ha no« sagt der Schwabe, wenn er erstaunt ist. Der Name nimmt quasi das Erstaunen der Nutzer vorweg, die feststellen, wie spielend leicht das Spätzlepressen mit diesem Gerät funktioniert.

Spätzlewunder System Bulling von Manfred Bulling

Manfred Bulling, von 1977 bis 1989 Präsident des Regierungspräsidiums Stuttgart, gilt als Erfinder einer originellen Spätzlepresse, dem »Spätzlewunder System Bulling«, das er 1984 zum Patent anmeldete. Bei seinem Besuch 2014 im Spätzlemuseum berichtete er mir, dass er mit einem keinen Zahnarztbohrer verschiedene Löcher in eine herkömmliche Spätzlepresse gebohrt habe, um die individuelle Vielfalt von aufwendig geschabten Spätzle zu simulieren. Und das ist das Besondere am »Spätzlewunder«: Die Schlitze der Spätzlepresse, durch die der Teig gedrückt wird, sind unterschiedlich groß und geformt, mit dem Ergebnis, dass die Spätzle aussehen wie vom Brett geschabt. Die Spätzlepresse besteht heute aus Kunststoff. Wie mir Herr Bulling persönlich berichtete, wurde sie früher aus Metall gegossen.

Spätzlepresse mit Nasenkerbe und mit Zahnstange

Bei den Zweiarmpressen gibt es zahllose Modelle, deren Erfinder, Hersteller und Gerätenamen leider nicht bekannt sind. Die Ähnlichkeit einiger Pressen ist zum Teil frappierend. Um ein Patent zu umgehen, wandelten manche Konstrukteure eine bestehende Presse ab, und sei es nur in Nuancen. Auf diese Weise schufen sie eine neue Bauart, die den verfügbaren Pressen in ihrer Funktionsweise glich, aufgrund typischer anderer, neuer Merkmale aber keine patentrechtlichen Probleme verursachte. Die Unbekanntheit ihrer Namen soll kein Grund sein, Ihnen die bunte Modellvielfalt vorzuenthalten. Beispielhaft möchte ich

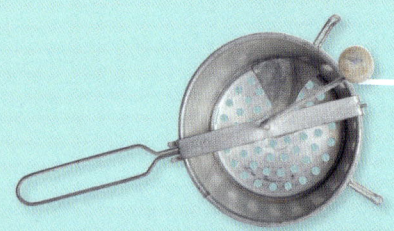

Spätzlemühle nach Ernst Willi Haag

Spätzlemühle mit horizontalem Haltegriff

Spätzlemühle mit vertikalem Haltegriff

Gebrauchsanleitung der Hünersdorffer Mühle

Hünersdorffer Spätzlemühle, Werbeanzeige

Ihnen zwei Pressen vorstellen: Das ist einmal ein Modell mit einer Nasenkerbe und sowie mehrkantiger Außenkontur. Schon die Nasenkerbe, ein bautechnisches Detail, das dazu dient, dass die Spätzlepresse auf einem Topf oder einem Gefäß besseren Halt findet, macht die Presse zu einem Novum. Das andere Modell ist eine Presse mit höhenverstellbarer Zahnstange. Beim Herunterdrücken des Stempels springt der Hebel von einer Einkerbung in die nächste. Dem Erfindungsreichtum sind schier keine Grenzen gesetzt.

Spätzlemühle

Eine etwas andere Zubereitungsart von Spätzle und Knöpfle bietet die Spätzlemühle. Obwohl sie »Spätzlemühle« heißt, bereitet sie vor allem Knöpfle und kurze Spätzle zu. Allgemein bekannt ist die Spätzlemühle auch als Flotte-Lotte. Charakteristisch für das Küchengerät ist ihr Flügelblatt. Das Blatt wird über eine mit Muskelkraft betriebene Kurbel in Rotation versetzt, wodurch es den Teig durch den Lochsiebboden des Behältnisses streicht. Spätzlemühlen produziert haben die Firma Hünersdorff und Ernst Willi Haag.

SPÄTZLEMÜHLE DER FIRMA HÜNERSDORFF

Um 1900 entstand das Spätzlemühlenoriginal aus Stuttgart: die Spätzlemühle der Firma Hünersdorff. Wie der alte Verpackungsprospekt verspricht, lassen sich mit der Mühle mehr Spätzle in fünf Minuten zubereiten, als eine geübte Hausfrau in einer dreiviertel Stunde schaben kann. Der Topf der Mühle sieht aus wie ein Damenhut mit breiter aufgerichteter Krempe. Durch seine ungewöhnliche Form kann der Topfbehälter in das Loch eines Holzbrettes gesetzt werden, ohne hindurchzurutschen. Das Holzbrett, es gehört zur Spätzlemühle, wird auf einen Kochtopf gelegt. Dreht man dann an der Mühlenkurbel gerät das Flügelblatt im Mühlentopf in Rotation und streicht den Spätzleteig durch den Lochsiebboden in den Kochtopf.

SPÄTZLEMÜHLE VON ERNST WILLI HAAG

Im Jahr 1981 meldete Dr. Ernst Willi Haag aus Heilbronn seine Spätzlemühle zum Patent an. Sie sieht aus wie ein Topfsieb. Durch das Drehen der Handkurbel wird das Flügelblatt im Topf in Rotation versetzt. Einmal in Bewegung, streicht das Blatt den Teig durch die Sieblöcher. Aus den Löchern heraus kommen kleine dicke Bollen, die Knöpfle. Spätzle können mit der Mühle von Herrn Haag nicht zubereitet werden, dazu sind die Löcher im Lochsieb zu groß und die Teigstücke, die die Spätzlemühle bereitet, zu kurz und zu dick.

Spätzle- und Knöpflehobel

Für Abwechslung beim Spätzle- und Knöpflekochen sorgt der Spätzle- und Knöpflehobel. Er sieht aus wie ein einseitig arbeitendes flaches Käsereibeblech. Auf der

Franz Xaver Sonntag

Spätzlehobel in Aktion

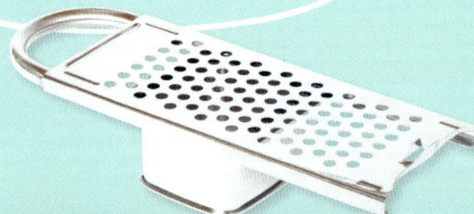
Knöpflehobel katholisch

Spätzlehobel evangelisch

Gehobeltes Knöpfle

Gehobeltes Spätzle

Evangelische Spätzlehobelplatte und katholische Knöpflehobelplatte für den JUPITER 868

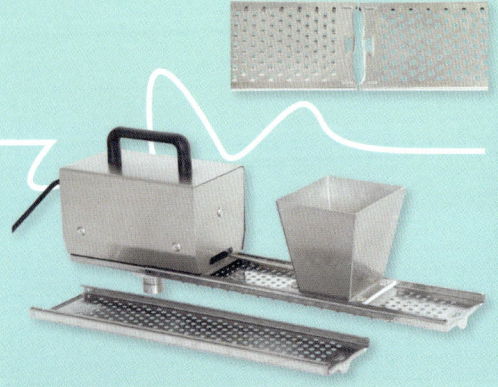
Spätzle-und-Knöpfle-Maschine JUPITER 868 D37

Elektro-Knöpflemaschine

Reibefläche ist ein quadratischer oder trichterförmiger Teigschieber aufgesetzt, der über eine Schiene vor und zurück gleitet. Das Küchengerät gibt es für den manuellen Gebrauch und mit Motor. Die manuelle Bauart ist für den Hausgebrauch, die motorisierte für die Großküche gedacht.

SPÄTZLE- UND KNÖPFLEHOBEL VON FRANZ XAVER SONNTAG

Erfunden hat den Spätzle- und Knöpflehobel Franz Xaver Sonntag, ein Bauflaschner aus Mochenwangen, im Jahr 1929. Dass sich der Hobel zum Verkaufsschlager entwickelte, dürfte auch für Sonntag eine freudige Überraschung gewesen sein. Noch heute wird das Küchengerät im Familienbetrieb produziert; inzwischen unter der Leitung von Enkel Michael Sonntag. Die Funktionsweise des Spätzle- und Knöpflehobels ist ganz einfach: Den Hobel kalt abspülen, den Teigschieber circa ¾ mit Teig befüllen. Das Gerät auf einen Topf mit kochendem Wasser aufsetzen und den Schieber mit leichtem Druck über das Lochblech hin- und herschieben. Voilà. Das Hobelblech gibt es mit zwei Lochformen: Die Rundlochung ist für die Zubereitung von Knöpfle, die Zungenlochung für Spätzle gedacht. Da sich die Variante Rundloch besonders gut im katholischen Oberschwaben verkaufte, wird sie im Volksmund »katholischer Hobel« genannt. Die große Verbreitung des Zungenlochhobels im protestantischen Unterland führte zu seiner Bezeichnung »evangelischer Hobel«. Heutzutage nutzen Köche gerne beide Hobel, egal ob evangelisch oder katholisch.

MOTORISIERTER SPÄTZLE- UND KNÖPFLEHOBEL

Fortschritt macht vor Küchengeräten keinen Halt. Beim Spätzle- und Knöpflehobel liegt die Weiterentwicklung in der Motorisierung. Das strombetriebene Kochutensil ist besonders für Großküchen interessant. Fürstliche Spätzle- und Knöpflemengen können auf diese Weise schneller produziert werden. Ein Glück für Köche und Gourmands.

Spätzleschabgeräte

Um das klassische Spätzleschaben zu vereinfachen, haben sich Tüftler ganz schön etwas einfallen lassen: Schabgeräte. Nach ihrem Funktionsprinzip sind sie einem Spätzlebrett mit Schabmesser vergleichbar. In vielen Formen und bunten Farben bringen sie Laune in die Küchen. Manche dienen aufgrund ihres Alters leider nur noch als Schmuckstücke. Die Spätzleschabgeräte heißen Fix-Fix, mechanisches Handspatzenbrett, Spätzle-Max, SpätzleDODO, Spätzle-Maxx und SpätzleMichel. Für Soßenliebhaber bieten sie alle einen willkommenen Vorteil: Durch das Schaben wird die Spätzleoberfläche rauer, das heißt, die Soße haftet besser am Spätzle.

FIX-FIX

Das Gerät mit dem Namen Fix-Fix sieht zugegeben etwas martialisch aus. Im Handel zumindest ist es nicht mehr erhältlich. Ob der Name daher rührt, dass

Fix-Fix, Fallbeil unten

Fix-Fix, Fallbeil oben

Das originale Handspatzenbrett mit Urkundenstempel

Anzeige für Bastians mechanisches Handspatzenbrett

Spätzle-Max

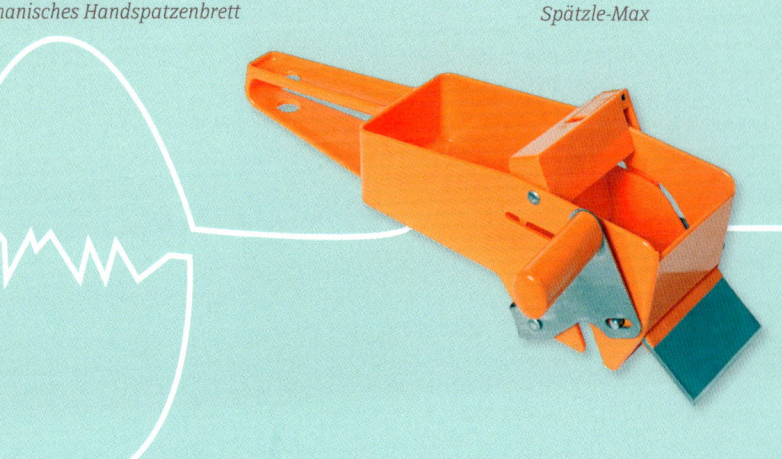

sich mit dem Schaber Spätzle besonders schnell, also fix, zubereiten lassen, ist reine Vermutung. So fix wie eine Guillotine funktioniert der Fix-Fix allemal: Der Teig wird in die Geräteöffnung oben eingefüllt. Durch eine Schräge in der Maschine läuft der Teig ganz von allein tiefer in das Gerät. Dann kommt das Fallbeil, das durch die Bewegung der Kurbel hoch und runter saust und so den Teig abhackt. Dreht die Kurbel schneller, werden die Spätzle dünner, dreht sie langsamer, dann läuft mehr Teig die Schräge hinunter und die Spätzle werden dicker. Durch die Unterteilung in Kammern schabt der Fix-Fix zwei Spätzle auf einmal.

MECHANISCHES HANDSPATZENBRETT

Patentiert hat das mechanische Handspatzenbrett 1931 Paul Bastian aus Obertürkheim. Im selben Jahr erhielt er für seine Erfindung auf der Süddeutschen Gastwirts- und Nahrungsmittelmesse eine »Ehrenurkunde für hervorragende Leistungen«. Das mechanische Handspatzenbrett funktioniert ganz unkompliziert: Im hinteren Teil des Bretts wird der Teig eingefüllt. Durch die Vorwärts- und Rückwärtsbewegung des seitlichen Hebels schiebt eine Trennwand den Teig portionsweise nach vorne. Der Teigbehälter wird sozusagen »leer« geschoben, bis der Teig so weit vorne angekommen ist, dass er vom Messer erfasst werden kann. Das Messer trennt dann einen Teigstreifen ab und schiebt ihn ins kochende Wasser.

SPÄTZLE-MAX

In den 1970er-Jahren kam ein Spätzlegerät auf den Markt, das dem mechanischen Handspatzenbrett sehr ähnlich sieht. Es besteht aus orangefarbenem Kunststoff und trägt den Namen »Spätzle-Max«. Das knallbunte Gerät funktioniert wie das Handspatzenbrett. Der Hohlraum wird mit Teig befüllt. Durch das Vorwärts- und Rückwärtsbewegen des seitlichen Hebels schiebt eine Trennwand den Teig zum Hobelmesser vor, das Messer schneidet die Teigstreifen ab und schiebt sie ins kochende Wasser. Mit seinem peppigen Orange brachte der Spätzle-Max viel Farbe in die Küche. Leider gibt es das Retro-Objekt nicht mehr im Handel zu kaufen.

SPÄTZLEDODO

Bei einem Hüttenbesuch mit Freunden im Jahr 2005 wollte Dominik Rudolf seine hungrigen Urlaubsbegleiter mit selbst gemachten Spätzle verwöhnen. Ein entscheidendes Equipment jedoch hatte er zu Hause vergessen: seinen »Spätzledrucker«. Herr Rudolf bewies Fantasie und improvisierte: Er nahm die Hülle einer CD auseinander, funktionierte die Hüllenhälften zu Brett und Schaber um und schabte los. Mit seinem selbst entwickelten Schabwerkzeug, das er kurzum SpätzleDODO nannte, gewann Herr Rudolf 2006 sogar den Spätzleswettbewerb im baden-württembergischen Beuren. Aufgabe der Teilnehmer war es, schmackhafte Spätzle unter Zeitvorgabe zuzubereiten. Und so funktioniert das Gewinner-Gerät: Der DODO sieht aus wie eine

Spätzlesbrett und Schaber in Form einer CD-Hülle

Dominik Rudolf beim Kochen mit seiner Erfindung, dem SpätzleDODO

Reinhold Hagen beim Kochen mit seiner
Erfindung, dem SpätzleMaxx

SpätzleMichel

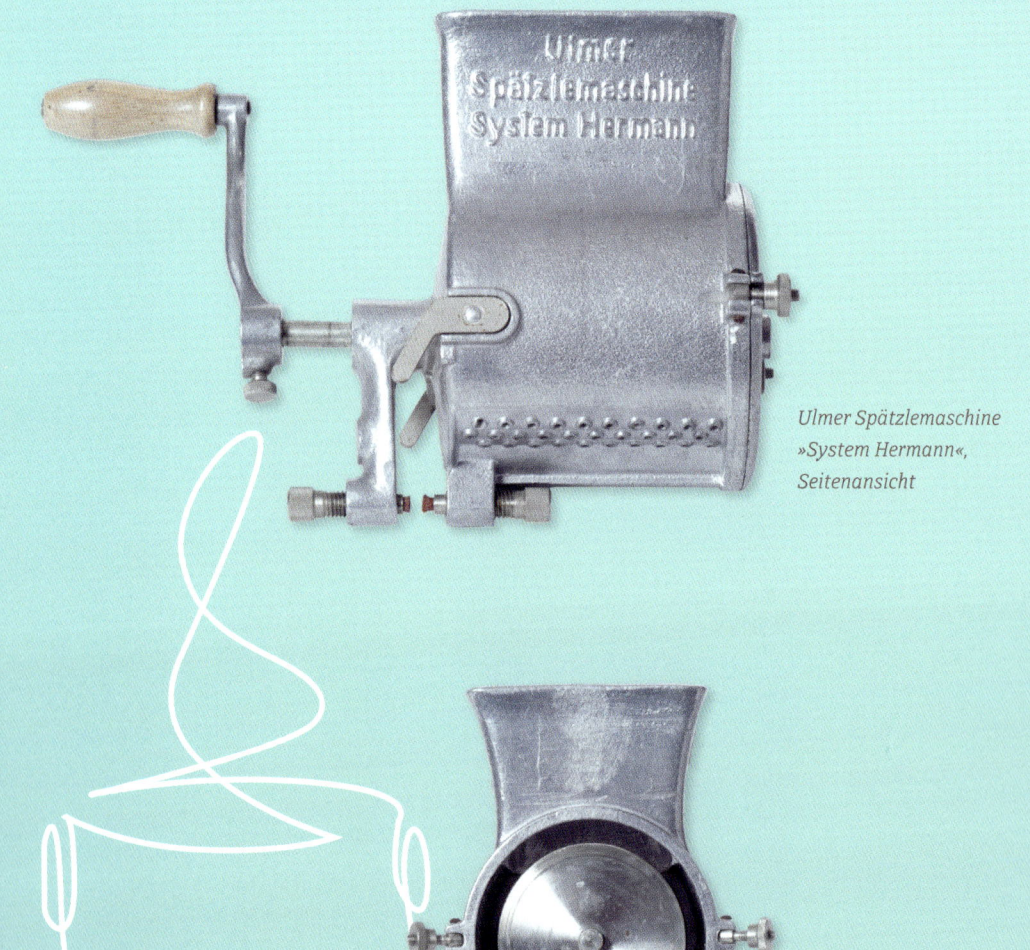

*Ulmer Spätzlemaschine
»System Hermann«,
Seitenansicht*

*Spätzlemaschine
»System Hermann«,
Frontalansicht*

CD-Hülle. Die Hülle aufklappen und auseinanderziehen, sodass die Hüllenhälften getrennt sind. Die Hälfte mit den Löchern dient als Brett, die Hälfte mit der Daumenmulde als Schaber. Den Teig auf den kleinen Löchern des Bretts verteilen. Die halbrunden Aussparungen des Bretts am Topfrand einhaken. Mit dem angefeuchteten Schaber den Teig auf dem Brett glattstreichen. Das Schaben kann beginnen.

SPÄTZLEMAXX UND SPÄTZLEMICHEL

Erfinder des SpätzleMaxx (Spätzle-Maxx) ist Reinhold Hagen aus Spaichingen. Herr Hagen meldete am 2. Oktober 2013 das Patent für seine Erfindung an. Ein Jahr später, am 1. Oktober 2014, erhielt er seine Patenturkunde. Der SpätzleMaxx ist eine Spätzlewalze, die aus einem Edelstahlgehäuse in der Größe etwa einer vierseitigen Küchenreibe besteht. Im Gehäuse ist eine Transportwalze drehbar gelagert und durch eine Öffnung an der Frontwand des Geräts teilweise sichtbar. Zum Gerät gehört ein Schaber mit Schabklinge. Die Edelstahlvorrichtung namens SpätzleMaxx gibt es auch aus grünem Kunststoff, sie heißt SpätzleMichel (Spätzle-Michel). Und so funktionieren Maxx und Michel: Den Teig in den Behälter oben einfüllen und das Gerät am Topfrand aufsetzen. Mit dem Schaber in Abwärtsbewegungen den Teig von der Teigwalze in das kochende Wasser schaben. Nicht zu verwechseln ist der SpätzleMaxx mit dem Spätzle-Max – mit einem -x –, dem orangefarbenen Handschabgerät aus den 1970er-Jahren.

Spätzlewalze

Die Spätzlewalze sieht aus wie ein Fleischwolf, hat mit einem Wolf sonst aber nichts zu tun. Denn die Spätzlewalze besitzt weder eine Förderschnecke noch eine Messerscheibe, sondern eine – wie es der Gerätename verrät – Walze. Bekannte Spätzlewalzen heißen System Hermann, SM, Spätzle-Hex und Herma. Manche Spätzlewalzen können Knöpfle bereiten. Hierzu braucht lediglich die Walze durch ein Flügelrad ausgetauscht werden. Ob also Spätzle oder Knöpfle – die Spätzlewalze kann beides.

ULMER SPTÄZLEMASCHINE SYSTEM HERMANN

Im Jahr 1927 erfand der Ulmer Louis Hermann eine Spätzlewalze namens System Hermann. Das Gerät entwickelte Herr Hermann für die Herstellung großer Spätzlemengen. Ihre Zubereitung funktioniert leicht und schnell. Der Teig wird wie bei einem Fleischwolf oben in die Öffnung eingefüllt. Das Drehen der am Gerät seitlich montierten Kurbel versetzt die Walze im Inneren der Maschine in Bewegung. Die rotierende Trommel befördert den Teig durch das Maschinengehäuse in Richtung der Löcher, aus denen sich dann die Spätzle abseilen.

SM – SPÄTZLEMASCHINE

Sehr gerne wäre Erwin Späth (1920–1995) aus Grunbach i. R. aufs Gymnasium gegangen und hätte studiert. Aus finanziellen

Fritz Wachter bereitet mit der SM Spätzle zu

Wachter schöpft die Spätzle aus dem Sud

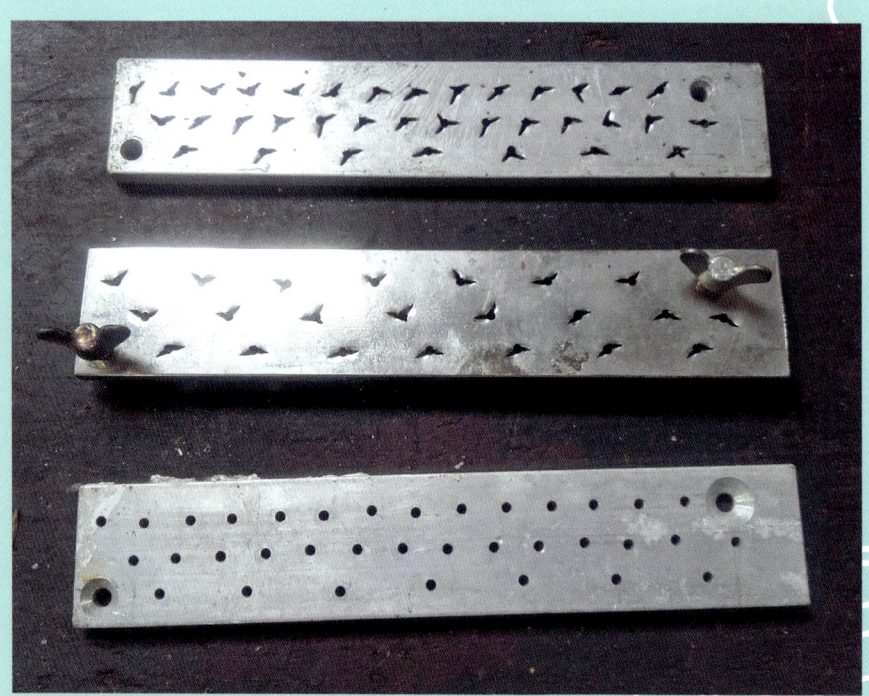
Lochplattenaufsätze der SM mit verschiedenen Lochungen

Die Töchter Margit und Karin (v.l.) zeigen Erinnerungsfotos, auf denen ihr Vater Erwin und ihre Mutter Margarete zu sehen sind

Mechanische Werkstatt und Dreherei, Erwin Späth mit Enkel Andreas Schaal

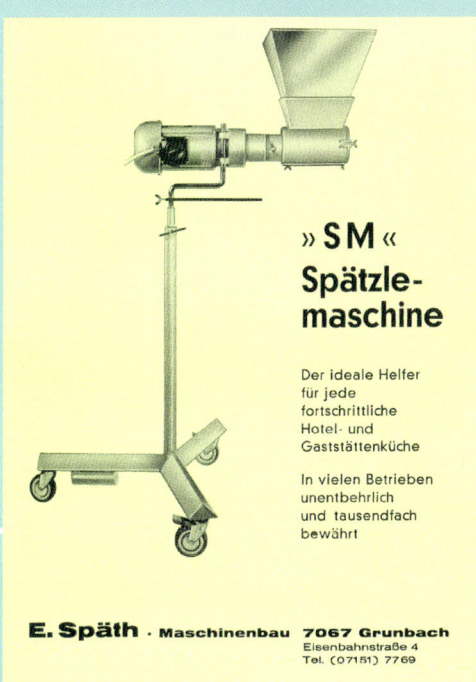

Werbeprospekt für die SM

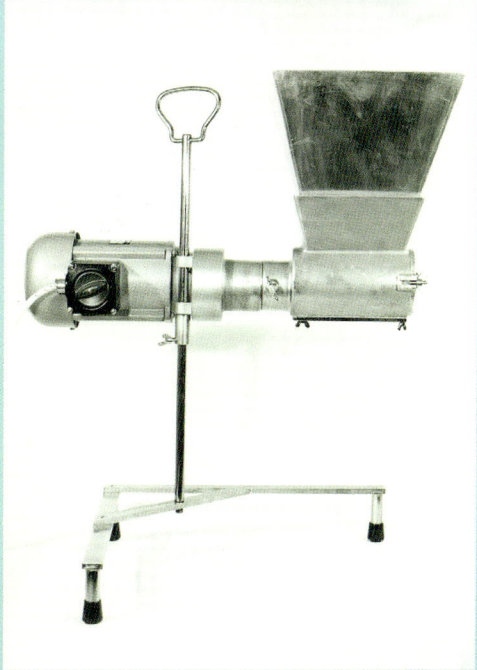

Dreieckständer und Aluminiumeinfülltrichter

Ewald Kern

Spätzle-Hex aus Metall

Spätzle-Hex aus Kunststoff

Herr Ochlast, der ehemalige Besitzer des Herma-Exponats mit seiner Herma-Spätzlewalze vor dem Spätzlemuseum

Spätzlewalze Herma

Gründen konnten seine Eltern ihm den Wunsch nicht erfüllen. Stattdessen absolvierte Herr Späth eine Facharbeiterausbildung und später eine Weiterbildung zum Mechanikermeister. Seine Tante Emma, die eine große Wirtschaft betrieb, wusste um die Tüftelleidenschaft ihres Neffen. Deshalb bat sie ihn, ein Gerät zu bauen, das ihr das Spätzlemachen erleichtert. Gerne erfüllte Erwin Späth seiner Tante den Wunsch und baute eine motorisierte Spätzlewalze. Dank auswechselbarer Lochplatten konnte seine Tante Emma mit der Walze sogar Spätzle formen, die aussehen wie handgeschabt. Die Maschine heißt SM. Die Abkürzung steht für Spätzlemaschine. Auf seine Erfindung hin machte sich Erwin Späth 1961/62 beruflich selbstständig. Seine Frau Margarete leitete das Büro; Familie und Beruf unter einen Hut zu bekommen, war für das Paar eine Herausforderung. Doch der Erfolg gab der Familie recht: Ab und an berichteten Freunde und Bekannte von Wirtschaften, in denen es leckere, handgeschabte Spätzle zu essen gab. Erwin Späth lächelte dann nur. Schließlich wusste er, in welchen Küchen mit seinen Maschinen gekocht wurde. Sogar bis nach Amerika wurde die SM exportiert.

Bei einer Besichtigung von Erwin Späths Werkstatt – seine Töchter Karin und Margit ermöglichten mir diesen wunderbaren Besuch – war mir, als ob die Zeit stehen geblieben wäre. Die Werkstatt strahlte etwas Sonderbares aus. Irgendwie hatte ich das Gefühl, dass Erwin Späth gleich zur Tür hereinkommt …

SPÄTZLE-HEX

Erfunden hat sie Ewald Kern, die Spätzle-Hex. Auf den Markt kam sie 1979. Sie ist ein Allrounder. Der Grund dafür sind ihre unterschiedlichen Einsätze: eine Teigwalze, ein Flügelrad bzw. Flügelschaber und drei Lochschieber mit kleinen bis großen Lochungen. In Kombination ermöglichen die Einsätze eine lukullische Abwechslung in Form von langen und kurzen Spätzle, Spätzle, die aussehen wie handgeschabt, und Knöpfle. Und das alles mit einem Gerät! Eine Feststellschraube ermöglicht außerdem das Befestigen der Spätzle-Hex am Topf. Ausgesprochen praktisch!

HERMA

Die Spätzlewalze der Marke Herma wird leicht mit der Spätzlewalze System Hermann verwechselt. Die Namen klingen sehr ähnlich. Beide Apparaturen sind Spätzlewalzen, erinnern von ihrem Aussehen an einen Fleischwolf und funktionieren fast identisch. Der Teig wird oben in die Öffnung eingefüllt. Die durch ein großes Schwungrad in Bewegung gesetzte Walze presst den Teig unten durch das Lochmuster. Das große Schwungrad ist die Besonderheit der Herma. Es ist notwendig, denn für die Zubereitung großer Spätzlemengen, wie sie beispielsweise in der Gastronomie gebraucht werden, ist die Herma gedacht. Dank Familie Ochlast können Besucher ein wunderschönes Herma-Modell im Spätzlemuseum besichtigen. Der Erfinder der Herma ist leider nicht bekannt.

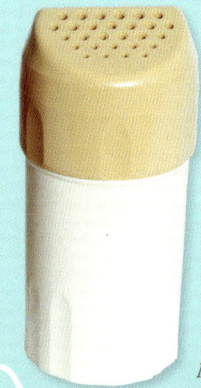

MERWI-Spätzledreh

Spätzlekoch

Spätzle-Shaker

Spätzlemischer

Für Köche in Eile gibt es selbstverständlich Kochlösungen, die kinderleicht zu handhaben sind und superschnell zum Ergebnis führen. Sie heißen: MERWI-5-Minuten-Spätzledreh, Spätzlekoch und Spätzle-Shaker. Das Geheimnis der modernen Küchenhilfen liegt in ihrem Funktionsprinzip »all in one«. Mit diesen Geräten entsteht fast kein schmutziges Kochgeschirr – vom Kochtopf einmal abgesehen –, denn sie sind quasi »Rührschüssel« und »Presse« in einem. Gedacht sind die Spätzlemischer für kleine Spätzlemengen. Das aber ist ihr Vorteil, denn sie sind raumsparend. Obendrein bruchsicher und spülmaschinenfest. Also, wenn's schnell gehen darf: rühren, schütteln, drehen, drücken.

MERWI-5-MINUTEN-SPÄTZLEDREH

Wann der MERWI-5-Minuten-Spätzledreh zum Patent angemeldet wurde, ist leider nicht bekannt. Zu kaufen gibt es ihn inzwischen nur noch auf Verkaufsbörsen wie eBay. Er sieht aus wie ein übergroßer beige- und braunfarber Salzstreuer. Mit seiner Retro-Optik begeistert er vor allem junge Spätzleköche, wohl auch wegen seiner leichten Handhabe: Der Teig wird im Dreh gerührt und durch das Gegeneinanderdrehen von Becher und Aufsatz ins kochende Wasser befördert – ähnlich wie Pfeffer aus einer Pfeffermühle. Durch das Drehen zieht sich der Spritzbeutel im Behälter zusammen und der Teig wandert durch den Spritzkopf in den Topf.

SPÄTZLEKOCH

Im Jahr 1987 meldete Bernhard Eisinger aus Mannheim ein »Teigformgerät« als Patent an. Heute trägt es den Namen »Spätzlekoch«. Er sieht mit ein bisschen Phantasie aus wie eine übergroße Flasche Tipp-Ex. Die Spätzlezubereitung funktioniert mit dem Spätzlekoch im Handumdrehen: Die Zutaten werden in den röhrenförmigen Behälter gefüllt und verrührt. Danach wird ein Stempel in die Röhre eingeschraubt – ähnlich wie eine Schraube in eine Mutter. Der Stempel presst den Teig durch die Röhre und die Sieblöcher ins kochende Wasser.

SPÄTZLE-SHAKER

Im Jahr 2008 meldete Susann Hartung aus Tübingen ein Gefäß namens »Spätzle-Shaker« zum Patent an. Der durchsichtige Küchen-Shaker ist super einfach zu bedienen. Markierungen am Gefäß geben die Zutatenmengen vor. Sind alle Zutaten in den Shake-Behälter gefüllt und ist der Behälter verschlossen, schüttelt man sie gut und kräftig durch, stellt den Shaker auf den Kopf, damit die Teigmasse Richtung Düsen fließen kann, und drückt den Teig anschließend in einen Topf mit kochendem Wasser. Das Geheimnis des Shakers sind zwei Mixkugeln im Behälter. Sie sorgen dafür, dass die Zutaten im Becher optimal durchmischt werden. Das Shake-Original ist in unterschiedlichen Größen für zwei bis vier Portionen und in vielen bunten Farben erhältlich.

Erfinder und ihre Ideen auf einen Blick

1786	Philipp Mehne aus Schwenningen konstruiert die Knöpflemaschine, sie gilt als Mutter aller Spätzlemaschinen
1847	Ottmar Camerer aus Rottweil fertigt eine Knöpfle- (Spätzle-) Maschine, bevor er nach Amerika auswandert
1900	Bei der Stuttgarter Firma Hünersdorff gibt es Spätzlemühlen samt Holzbrett in verschiedenen Größen
1920	Die Luftschiffbau Zeppelin GmbH hält ihre Aluminiumgießerei in Betrieb und produziert Spätzlepressen
1927	Der Ulmer Louis Hermann bringt die Spätzlewalze Ulmer Spätzlemaschine System Hermann auf den Markt
1929	Franz Xaver Sonntag erfindet den Spätzle- und Knöpflehobel mit vor und zurück gleitendem Teigfüllbehälter
1931	Paul Bastian aus Obertürkheim entwirft ein mechanisches Handspatzenbrett mit Hebel
1939	Robert Kull aus Bad Cannstatt erfindet den Spätzle-Schwob, den es heute hochglanzpoliert und mit vielen bunten Kunststoffbeschichtungen gibt
1946	Arthur Handtmann schmilzt das Aluminium von Flugzeugwracks ein und gießt Handtmann-Pressen
ca. 1946	Wilhelm Spiegler schenkt jungen Vermählten eine Holzgriff-Spätzlepresse mit Stanzungen in Herz-, Stern- und Mondform
1947	Valentin Leiber gibt seinem grünen Dreifuß auswechselbare Siebeinsätze und erweitert seinen Prototyp von 1933 um eine handliche Seitenkurbel mit Zahnradübersetzung
1948	Aus dem Hause Kipp folgt eine dreibeinige Haushaltspresse namens »Original Kipp« in verschiedenen Größen für 4 bis 30 Personen
1948	Die Firma Leibfried aus Böblingen stellt für die Firma Kull eine Spätzlepresse mit Rahmen her, die Ha-no

1961	Erwin Späth entwickelt die SM Spätzlemaschine und exportiert die Spätzlewalze bis nach Amerika	2008	Mit Susann Hartung und ihrem Spätzle-Shaker tritt eine Frau in die Reihe der Spätzlepioniere aus dem Ländle
1970	Der Spätzle-Max ist aus Kunststoff und leuchtet in Knallorange	2013/14	Reinhold Hagen macht Spätzle dank neuer Schabtechnik mit seinem SpätzleMaxx aus Edelstahl und seinem SpätzleMichel aus grünem Kunststoff
1979	Der Rottweiler Ewald Kern punktet mit der Spätzle-Hex, Teigwalze und Flügelschaber in einer Maschine		
1981	Dr. Ernst Willi Haag aus Heilbronn versucht sein Glück mit der Spätzlemühle		
1984	Dr. Manfred Bulling erfindet das Spätzlewunder System Bulling mit verschieden großen Öffnungen		
1987	Der Mannheimer Bernhard Eisinger legt mit einem neuen Teigformgerät, dem Spätzlekoch, nach		
2005	Aus der Not entstand Dominik Rudolfs SpätzlesDODO, ein Eventwerkzeug, mit dem auch Spätzle gelingen		

Knöpfleswäscherin-Brunnen in Heidenheim

Vom »Schwäbischen Grundgesetz« bis »Spätzle im All« – die bunte Welt der Spätzle und Knöpfle

Die Welt der Spätzle und Knöpfle ist wie ein Kaleidoskop: bunt, unterhaltsam und abwechslungsreich. Sie liefert amüsante und herzergreifende sowie faszinierende und lehrreiche Antworten auf spannende Fragen wie: Wie groß ist der größte Spätzlehobel, und wie lang das längste Spätzle der Welt? Was haben Spätzle im All zu suchen? Warum wäscht die Knöpfleswäscherin Knöpfle? Was ist ein Hock-di-na-Spätzle-Stuhl? Warum heißt Kuppenheim Knöpflestadt? Wohnt dem ersten Spätzle ein Zauber inne? Wieso gibt es eine Spätzlekönigin? Die Welt der Spätzle und Knöpfle hat viele Gesichter: Geschichten, Rekorde, Historisches, weit entlegene Regionen, Kinderspaß, Eigentümliches und Unglaubliches aus Schwaben. Wagen Sie einen Blick in das Kaleidoskop und lassen Sie sich überraschen.

Die Knöpfleswäscherin

In Heidenheim ist sie ein Wahrzeichen. Die Knöpfleswäscherin. In Form eines Bronzebrunnens steht sie vor dem Heidenheimer Elmar-Doch-Haus. Bildhauer Albrecht Kneer schuf die Brunnenplastik in den 1980er-Jahren in Anlehnung an folgende Sage: Eine Heidenheimer Frau wollte ihrem Mann sein Mittagsmahl, einen Korb Hefeknöpfle, zur Arbeit bringen. Auf ihrem Weg stolperte sie, so dass der Korb und die Knöpfle auf den Gehweg fielen. Die Frau, ganz Schwäbin, verzagte nicht, suchte sich einen Bach, wusch die Knöpfle ab und brachte sie ihrem Mann. Der freute sich sehr über das Mittagsmahl. Ihr Missgeschick behielt die Frau für sich. Ein Fußgänger jedoch, wohl ein Auswärtiger, musste sie bei ihrer »Knöpfleswäscherei« beobachtet haben und erzählte das Erspähte, wohl zum Hohn, herum. So kam es, dass die Bewohner von Heidenheim zu ihrem Namen »Knöpfleswäscher« gelangten.

Die sieben Schwaben

Eine beliebte schwäbische Geschichte, in der Knöpfle und Spätzle mehr indirekt und als Komparsen eine Rolle spielen, erzählt von den sogenannten sieben Schwaben. Die Kurzfassung lautet in etwa so: Mit einem

Transportkiste der Firma Birkel

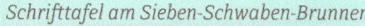
Schrifttafel am Sieben-Schwaben-Brunnen

Sieben-Schwaben-Brunnen in Türkheim von Bildhauer Wolfgang Auer aus Friedberg

übergroßen Spieß bewaffnet begeben sich sieben Schwaben auf die Jagd nach einem Ungetier, dem Ungeheuer vom Bodensee. Auf ihrem Streifzug erleben die tollpatschigen Sieben zahlreiche kuriose Abenteuer. Mit einem Wirt spielen sie blinde Mäusle, ein Klausner enttarnt sie als Faxenmacher und durch das blaue Meer schwimmen sie, ohne zu ertrinken. Dem Ungetier schließlich kommen die Schwaben auf die Schliche. Es entpuppt sich – wer hätte es gedacht – als harmloser Hase.

Besondere Bekanntheit erlangte der Stoff in der Fassung des schwäbischen Schriftstellers Ludwig Aurbacher (1784–1847) aus Türkheim. Sein »Volksbüchlein« erschien 1827. Aurbacher war es, der den sieben Schwaben ihre Namen zuwies: Seehas, Nestelschwab, Gelbfüßler, Blitzschwab, Spiegelschwab, Allgäuer und Knöpfleschwab. Die Namen deuten auf typische Merkmale der Figuren hin. Der »Knöpfleschwab« etwa stammt aus einer Gegend, in der die Leute zweimal täglich Suppe mit Knöpfle oder Spätzle essen. Als Erkennungsmerkmal trägt er eine Knöpflepfanne bei sich.

Der Stoff der sieben Schwaben wurde von der Kunst und sogar der Werbung aufgenommen. Werblich ziert das Motiv beispielsweise die Deckelinnenseite einer alten Transportkiste der Firma Birkel. Das Werbetafelbild zeigt sieben mit einem Speer bewaffnete Küken, die in Angriffsposition vor einer Schüssel mit Spätzle stehen. Die Ähnlichkeit zu den sieben speerbewappneten Schwaben ist frappant. Der Künstler Hans Boettcher (1897–1986) schuf eine Zeichnung, die vor allem als Postkartenmotiv Bekanntheit erlangte. Sie zeigt die sieben Schwaben, wie sie das »Ungeheuer« vom Bodensee stellen. Eine Plastik von den sieben Abenteurern schuf 2005 Bildhauer Wolfgang Auer aus Friedberg. Sein Sieben-Schwaben-Brunnen kann in Türkheim bestaunt werden. Entdecken Sie den Knöpfle-Schwab im Brunnen?

Die Schweden von Kuppenheim

Aus dem Buch »Heimatkunde vom Amtsbezirk Rastatt« von Autor E. Spitz stammt eine abenteuerliche Erzählung über Kuppenheimer Mehlknöpfle und darüber, wie Kuppenheim zu seinem Namen »Knöpflestadt« gelangte. Die Geschichte stammt aus der Feder von J. Schmitt.

Im Dreißigjährigen Krieg (1618–1648) belagerten schwedische Truppen die Stadt Kuppenheim. Um sich vor den Belagerern zu schützen, verschanzten sich die Kuppenheimer in ihrer Festung. Die Schweden indes spekulierten darauf, dass sich die Kuppenheimer nicht auf ewig in ihrer Festung würden verbergen können, da ihnen über kurz oder lang die Lebensmittel knapp würden. So kam es, wie es kommen musste, und die Vorräte der Kuppenheimer gingen dem Ende zu. Es war nur noch eine Frage der Zeit, bis sie sich den Schweden ergeben mussten. Findigen Kuppenheimer Hausfrauen jedoch kam die rettende Idee. Aus den verbliebenen Vorräten bereiteten sie Mehlknöpfle zu. Mit den Teigknödeln speisten die Kuppenheimer ihre Kanonen

Früh informiert sich, wer ein richtiger Schwabe sein will. Sophie mit ihrer Mama im Spätzlemuseum, 2014.

Drei Jahre später, 2017. Schaut mal her, wie groß ich jetzt schon bin ...

... Spätzlemachen ist doch kinderleicht!

und beschossen damit ihre Belagerer. Und tatsächlich, der Plan ging auf. Der schwedische Hauptmann, überzeugt, die Kuppenheimer besäßen einen unerschöpflichen Nahrungsvorrat, zog mit seinen Truppen resigniert von Kuppenheim ab. Seit dem erfolgreichen Widerstand der Stadtbewohner gegen die Schweden trägt Kuppenheim seinen teigigen Namen: Knöpflestadt.

Mit Spätzle und Soß', da werd ich groß ...

Spätzle erfreuen nicht nur erwachsene Schlemmerherzen, sondern auch junge Schlemmermäuler. Ein zuckersüßes Beispiel hierfür ist die kleine Sophie. An einem Sonntag im Juli 2014 kam Familie Härle ins Spätzlemuseum und erzählte mir, dass ihre kleine Sophie, acht Monaten jung, am Vormittag zum ersten Mal in ihrem Leben Spätzle gegessen habe. Das wollte Familie Härle gebührend mit einem Besuch im Spätzlemuseum feiern. Über den Besuch der kleinen Familie habe ich mich ebenso gefreut wie darüber, dass sich Sophie im Museum prompt für eine Kinderspätzlepresse interessierte. Es ist so zauberhaft zu beobachten, welche Dinge Kinder spontan in ihren Bann ziehen. Der Zauber dieses besonderen Tages blieb bis heute bestehen. Noch immer liebt Sophie ihre Spätzle über alles und hilft ihrer Mama liebend gern beim Spätzlemachen in der Küche. Gewiss wird auch einmal Sophie das Spätzleschmausvergnügen an ihre kleinen Schlemmermäuler weitergeben.

Kleine Köche ganz groß mit Puppenstuben- und Kinderspielküchen

Sollten Eltern zum Spätzle- und Knöpflekochen einmal keine Zeit haben, gibt es für den kochambitionierten Nachwuchs eine tolle Möglichkeit, es Mama und Papa spielend leicht gleichzutun: mit der Puppenstubenküche und der Kinderspielküche. Die Puppenstube ist so klein, dass am liebsten Puppen darin kochen und backen. Die Kinderspielküche ist auf die Körpergröße kleiner Kinder zugeschnitten und lädt die Miniköche ein, sich wie die Großen zu fühlen. Je nach Modell besitzen beide Küchen sogar einen funktionstüchtigen Herd.

Museumsbesucherin Heidi Heller stieß einen entzückten Schrei aus, als sie einen der Miniherde im Spätzlemuseum erblickte. Einen solchen Herd kannte sie noch aus Kindertagen. Zum Beweis zeigte mir Frau Heller später ein paar Fotos, auf denen sie und ihre kleine Schwester Karin in ihrer Kinderküche stehen und Köchinnen spielen. Eine andere Besucherin berichtete mir ebenso freudig, dass sie als Kind von ihrer Mutter an Weihnachten einen dünnen spätzleähnlichen Teig bereitet bekam. Diesen briet sie auf ihrem Puppenstubenherd in einer Pfanne oder buk ihn im Ofen. Wenn die Erwachsenen anschließend davon probierten und die Speise lobten, fühlte sich die kleine Köchin überglücklich.

Das Glück der Kinderköche setzte

Unter Schwestern: Die kleine Karin darf Heidis Speise als Erste probieren, 1957

Heidi Heller beim Kochen in ihrer Kinderküche, 1957

Puppenherd

Kinderspielküche von Heidi Heller und Karin Hoffmann, 1957

Karin Hoffmann, die Schwester von Museumsbesucherin Heidi Heller, beim Spielen mit ihrer Puppenküche, 1962

Kleiner Elektroherd für die Kinderspielküche

Puppenküchengerätschaften für die Spätzlezubereitung

Puppenkochbuch mit Spätzlerezept, davor Maßbecher für die Puppenküche, und zwar ¼ Lot, ½ Lot und ¾ Lot

Puppenküche, um 1870, sowie Spielsachen, um 1900, die ich nach und nach ergänzt habe

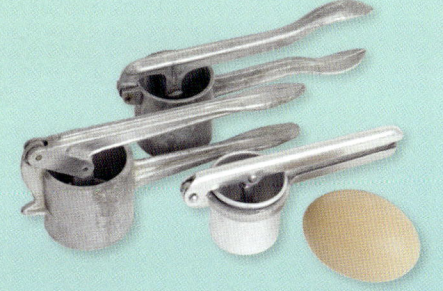
Kinderspätzlepressen im Größenvergleich zu einem Ei

An das Brett im Spätzlemuseum pinnt Jonas seine informativen und unterhaltsamen Zeitungsartikel

Jonas 2017 mit einem Zeitungsartikel über Käse-Spätzle, den er ins Museum mitgebracht hat

traditionell um Weihnachten ein, wenn die Familien ihre Kinderspielküchen und Puppenstuben aufbauten, und nahm um Maria Lichtmess (2. Februar) sein Ende, wenn die Spielsachen wieder verstaut wurden. Manche Familien räumten ihre Küche sogar schon nach Heilige Drei Könige (6. Januar) zusammen, wenn der Christbaum abgeschmückt wurde. Doch bevor die Küchen wieder im Schrank verschwanden, spielten die Kinder mit ihnen nach Herzenslust. Und was eignet sich besser für das Spiel »Spätzle und Knöpfle kochen« als das passende Küchenzubehör. Das gab es in vielen schönen Varianten. Darunter zum Beispiel die Kinderspätzlepresse, die in den 1950er- und 1960er-Jahren verbreitet war, sowie der Kinderhobel und das Kindersieb. Um 1900 spielten die Kleinen mit dem Kinderspätzlebrett. Sogar Puppenkochbücher mit Spätzlerezepten gab es da schon. Deren Rezeptmengen waren so angepasst, dass die Kinder die Speisen auf einem kleinen Puppenstubenherd kochen konnten.

Im Ferienprogramm meines Museums koche ich regelmäßig mit den Kindern unter Zuhilfenahme der alten Kinderküchengeräte Spätzle und Knöpfle. Das Ausprobieren der Geräte und das eigenständige Kochen bereitet den Kindern immer große Freude, manchmal aber auch köstliche Bedenken: Einmal bemerkte ein Junge, dass die Spätzlepresse richtig gut funktioniere, aber – ergänzte er zweifelnd – von den Spätzle, die da rauskommen, würde er nie satt werden …

Nachwuchssorgen, nicht beim Spätzlemuseum

Es war 2015, nach der Winterpause. Kaum hatte ich die Eingangstür des Spätzlemuseums aufgeschlossen, sah ich, wie ein kleiner Junge in meine Richtung geradelt kam. Er stieg vom Fahrrad ab und erkundigte sich bei mir nach dem Eintrittspreis für das Spätzlemuseum. Etwas irritiert fragte ich nach seinen Eltern. Da meinte er, dass seine Eltern sich nicht so doll für Spätzle interessieren. Er schon. Bei seinen Fahrradtouren habe er das Museum entdeckt, doch es sei immer geschlossen gewesen. Ob er es sich anschauen könne, mochte er wissen. Ich musste schmunzeln und bejahte. Umständlich kramte er in seiner Hosentasche und förderte eine Handvoll Münzgeld zu Tage. Das fand ich so herzergreifend, dass ich nicht anders konnte, als ihm zu sagen, dass ich am ersten Öffnungstag noch keine Eintrittskarten für Schüler hätte und heute Jungen und Mädchen kostenlos hineindürften. Er strahlte übers ganze Gesicht. Da das Museum zur Mittagszeit noch besucherleer war, machte ich für ihn spontan eine kleine Führung. Noch nie hatte ich einen so aufmerksamen Zuhörer wie diesen Jungen.

Bis heute, 2018, ist die Verbindung zu Jonas geblieben. Immer noch schaut er – inzwischen 13 Jahre alt – regelmäßig mit seinem Fahrrad vorbei und erkundigt sich, was es Neues im Museum gibt. Findet er irgendwo einen Artikel über Spätzle in einer Zeitung, dann bringt er ihn mir vorbei, für

The Journal of Human and Cultural Sciences
Vol. XLIX No. 1

Considering Swabian Folk Tradition through *Spätzle*
.... SHIMAUCHI, Hiroe ··· 1

Le monde des animaux sauvages décrit dans les œuvres illustrées du *Roman des bêtes* de la série du Père Castor : naissance d'une nouvelle conception des animaux dans la littérature enfantine
.... OSAWA, Mizuki ··· 98 (153)

Developing a Scale for Assessing the Acceptance of Sport Injury in Injured Athletes .... SUZUKI, Atsushi ··· 112 (139)

The effects of a physical education program on exercise behavior and physical activity: Comparing a lecture course with a practicum
.... MORI, Kenichi · MOCHIZUKI, Kouji ·
TANAKA, Ai · UEMUKAI, Kanshi ··· 130 (121)

Teenager Melodie Ⅱ　Sexy Hexy
DIE GOLDENEN FÜNFZIGER ....ini ··· 188 (63)

....ju ··· 210 (41)

....i ··· 250 (1)

2017

Dr. Hiroe Shimauchi vor dem Spätzlemuseum Bad Waldsee, 2014

Die originalen Ausdrücke im Text zu ergänzen ist in wissenschaftlichen Publikationen in Japan üblich

Inhaltsverzeichnis des Heftes »Journal für Human- und Kulturwissenschaften, Vol. XLIX, No. 1, 2017« der Gesellschaft für Human- und Kulturwissenschaften der Universität Musashi. An erster Stelle im Verzeichnis steht Dr. Shimauchis Beitrag genannt.

Danksagung

Von Frau Heidi Huber, der Leiterin des Spätzlemuseums, habe ich viele wertvolle Informationen erhalten. Für ihre Unterstützung bedanke ich mich herzlich.

In ihrem Artikel »Considering Swabian Folk Tradition through Spätzle« dankt Dr. Hiroe Shimauchi Museumsleiterin Heidi Huber auf Deutsch

meine Museumspinnwand. Meistens gleich eine Reißzwecke zum Befestigen dazu. Letztens meinte er zu mir, dass er mal das Museum übernehmen würde …

Spätzle und Knöpfle jetzt auch in Japan

Dr. Hiroe Shimauchi unterrichtet an der Universität Musashi in Tokio Studenten im Fach Deutsch. Im Jahr 2014 besuchte sie das Spätzlemuseum in Bad Waldsee und war begeistert. Zurück in ihrer Heimat schrieb Frau Shimauchi mehrere Beiträge rund um die schwäbischen Traditionsspeisen, die allesamt in wissenschaftlichen Magazinen publiziert wurden: 2014 in der »Zeitschrift für Kulturanthropologie« (bunka jinruigaku kenkyū) und 2017 in »Perspektiven der Kultur« (bunka no enkin hou) sowie im »Journal für Human- und Kulturwissenschaften« (musashi daigaku jimbun gakkai zassi). Alle Beiträge sind auf Japanisch verfasst. Als mir Frau Shimauchi 2017 ein Magazin mit ihrem Beitrag »Betrachtung Schwäbischer Volkstradition am Beispiel der Spätzle« sendete, habe ich mich unbeschreiblich gefreut. In ihrem Artikel berichtet Dr. Shimauchi über die Etymologie, also die Namensherkunft, von Knöpfle und Spätzle. Zudem geht sie auf Gerätschaften ein, mit denen die Teigwaren zubereitet werden, darunter das Spätzlesieb, die Spätzlepresse, den Spätzlehobel, das Spätzlebrett und den Spätzle-Shaker. Ein paar typische Gerichte wie die Käs-Spätzle dürfen natürlich auch nicht fehlen.

Spätzle und Knöpfle in Japan – wer hätte das gedacht!

Spätzle – einfach überirdisch

Dr. Alexander Gerst, geboren am 3. Mai 1976 im baden-württembergischen Künzelsau, ist ein deutscher Geophysiker und Astronaut. Mit einem russischen Raumschiff flog Gerst am 28. Mai 2014 zur Internationalen Raumstation ISS (International Space Station). Dort lebte und arbeitete er sechs Monate lang. Er ist damit der dritte deutsche Raumfahrer auf der ISS und der elfte Deutsche im All. Um im Weltall nicht auf seine Lieblingsspeise verzichten zu müssen, wünschte Dr. Gerst sich einen ganz besonderen Bonusproviant: Käse-Spätzle mit Röstzwiebeln sowie Linsen mit Spätzle. Wie jedes Space-Food wurden auch Dr. Gersts Spätzle hermetisch verpackt. Kosmonautennahrung muss für mindestens zwei Jahre haltbar sein. Die Köche der Weltraumkost verzichteten allerdings auf Konservierungsstoffe, also auch auf Salz, da sich Astronauten im Orbit aus gesundheitlichen Gründen salzarm ernähren müssen. Da aber der Geschmackssinn der Raumfahrer im All schwächer ist, benötigen die Weltraummahlzeiten wiederum eine zusätzliche Würzung – ohne Salz wohlgemerkt. Was für eine Herausforderung! Entwickelt haben den schwäbischen Weltraumproviant Matthias Finkbeiner, Alexander Wachauf und der Küchenchef des baden-württembergischen 3-Sterne-Restau-

Dr. Alexander Gerst

Dr. Gersts Astronautennahrung, Käsespätzle

Ich pack' in meinen Koffer:
mei Abi
mei Freiheit
mei Spätzlespress

Im Vötschenturm
Entenmoos 29
88339 Bad Waldsee
info@spaetzlemuseum.info

Sa: 10:30 – 17:30 Uhr
So: 10:30 – 17:30 Uhr
Weitere Öffnungszeiten
gerne auf Anfrage.

www.spätzlemuseum.de

Wer die Welt bereisen will, sollte wissen, woher er kommt.

Welche schwäbischen Erfinder dir vorausgegangen sind, wo unsere Spätzle herkommen und wie du deine zukünftigen WG-Mitglieder bekochen kannst, findest du in Deutschlands erstem & einzigem Spätzlesmuseum heraus.

Heidi Huber mit Lydia Käßmair vor ihrem ehemaligen Gasthaus »Zur Spätzlewirtin«, 2016

Der größte Hobel der Welt

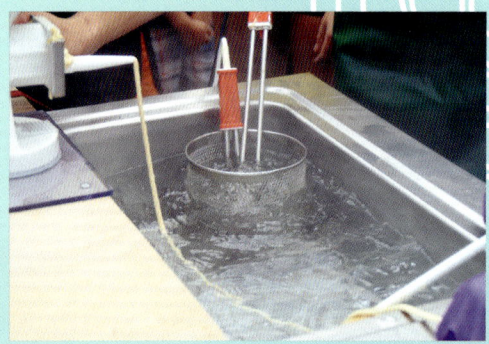

Spätzle im Wasserbad

Das längste Spätzle der Welt im Entstehen

Der Hock-di-na-Spätzle-Stuhl

Sitzfläche des Spätzlestuhls mit integrierten Spätzlezutaten

rants Schwarzwaldstube im Hotel Traube Tonbach. Zu ihrer Leistung möchte man nur eines sagen: einfach überirdisch.

Der größte Hobel der Welt

Am 2. Oktober 2002 eröffnete Lydia Käßmair in Altenmünster ihr Lokal »Zur Spätzlewirtin«. Seiner geliebten Frau wollte Franz Käßmair zur Gasthauseröffnung eine ganz besondere Freude bereiten und fertigte ihr einen 3.999 Millimeter hohen und 230 Kilogramm schweren Spätzlehobel. Die Überraschung glückte außerordentlich. Mit so einem gigantischen Geschenk hatte Lydia Käßmair nicht gerechnet. Der Dekohobel – der Schlitten ist fest verschweißt und daher unbeweglich – steht seither vor dem Gaststättengebäude und verblüfft – leider nur noch – vorbeilaufende Passanten. Unglücklicherweise bewirtete Lydia Käßmair ihre Gäste im Jahr 2015 zum letzten Mal, tauschte ihre Wirtschaft gegen den wohlverdienten Ruhestand. Die Besucher werden die »Spätzlewirtin« in guter Erinnerung behalten, denn Spätzle und Knöpfle bereitete sie in unzähligen Varianten und immer frisch zu. Nebenbei: Wer könnte einen so großen Hobel vergessen?

2019 hat Firma Buck, Nudelhersteller aus Mengen-Ennetach, den Hobel von Frau Käßmair gekauft und neu aufbereitet, da das gute Stück in die Jahre gekommen war. Nun steht der Hobel als neues Wahrzeichen vor dem firmeneigenen Nudelhaus.

Das längste Spätzle der Welt

Das längste Spätzle der Welt kommt aus Diefenbach. Es misst 151 Meter. Gepresst wurde das Weltrekordspätzle innerhalb von knapp zwei Stunden am 26. Juni 2016, und zwar mit einem düsenbetriebenen Fleischwolf. Drei Anläufe benötigte das 20-köpfige Team, bis der Teig nicht mehr riss. Den perfekten Ort und Rahmen für den Rekordversuch bot die Eröffnungsfeier der Beachvolleyball-Anlage des SV Diefenbach. Die Idee zum längsten Spätzle der Welt stammt von Emanuel Wilhelm: »Nach einer anfänglich verworfenen Idee eines Sportvereinskameraden, der die längste Maultasche am Stück kochen wollte, kam ich 2012 auf die Rekordvariante mit dem längsten Spätzle der Welt. Die Umsetzung musste erst eine Zeit lang reifen.« Genau genommen vier Jahre feilte Wilhelm an der optimalen Technik. Ausdauer und Mut des passionierten Volleyballers wurden schlussendlich belohnt. Ein Wermutstropfen jedoch bleibt. In das Guinnessbuch der Rekorde schaffte es das Rekordspätzle nicht, denn Guiness World Records lehnte ab, mit einer einfachen, aber fragwürdigen Begründung: Spätzle seien zu regional und nicht in der ganzen Welt bekannt.

Der Hock-di-na-Spätzle-Stuhl

Anlässlich des Jubiläums »60 Jahre Baden-Württemberg« gestalteten Künstler, Sportler und Unternehmen im Jahr 2012

Seit 2013 repräsemtiert Jana Hofmann als Gaggli-Spätzlekönigin strahlend schön die Marke Gaggli

mit tatkräftiger Unterstützung kreativer Schulklassen und Kindergärten 60 Stühle fantasievoll um und aus. Die Neukreationen wurden über eBay versteigert. Der Erlös der Sitzmöbel kam benachteiligten Kindern zugute. Einer der umgestalteten Stühle mit dem Namen Hock-di-na-Spätzle-Stuhl stammt von der Firma ALB-GOLD. Das Unternehmen ALB-GOLD Teigwaren GmbH kommt aus Trochtelfingen. Es führt sowohl Nudeln als auch Spätzle in seinem Sortiment. Thematisch an die Spätzle angelehnt befinden sich in der Sitzfläche und an den Beinen des Stuhls integriert Rohstoffe wie Weizenkorn, Hartweizengrieß und Weizenmehl, die zur Spätzleherstellung verwendet werden. Eier, die bei der Spätzlezubereitung nicht fehlen dürfen, zieren den Steg. Am Stuhlrücken befestigt hängen drei Lochbleche mit unterschiedlichen Lochungen. Je nach Wahl des Lochbildes, oval, unbestimmt oder rund, entstehen Bauernspätzle, Königs- bzw. Kaiserspätzle oder Jägerspätzle. Auf der Stuhlrückenlehne thront ein Spatz, der die Zweideutigkeit des Themas »Spätzle« veranschaulicht. Zum Sitzen ist der Hock-di-na-Spätzle-Stuhl zwar gemacht, jedoch ist es viel interessanter, ihn in Ruhe unter die Lupe zu nehmen, und das können alle Besucher des Spätzlemuseums nach Herzenslust.

Die Gaggli-Spätzle-Königin

Die Firma Buck GmbH & Co. KG Nudelspezialitäten aus Mengen rief im Jahr 2012 die Wahl zur Gaggli-Spätzle-Königin ins Leben. Anlass für die Titelvergabe war die Auszeichnung schwäbischer Spätzle mit dem EU-Gütesiegel »geschützten geografischen Angabe (g.g.A.)«.

Seither wählt Buck im variierenden Turnus seine Spätzle-Repräsentantin. Jeder ist herzlich eingeladen, am Wettbewerb teilzunehmen. In die engere Auswahl schafft es aber nur, wer die folgenden Anforderungen erfüllt:

- Alter: mindestens 18 Jahre
- Gute Kenntnisse über Teigwaren
- Gute Kenntnisse über die Firma Buck GmbH & Co. KG Nudelspezialitäten
- Aufgeschlossenheit, kommunikativ, Spaß am Präsentieren

Aus allen Bewerberinnen wählt eine Jury drei Kandidatinnen aus, von denen dann beim Gaggli-Nudel-Haus-Fest eine Siegerin gekürt wird. Die Siegerin erhält den Titel »Gaggli-Spätzle-Königin«, einen Geldpreis und ggf. ein neues Dirndl für ihre Auftritte. Im Gegenzug verpflichtet sich die Gaggli-Spätzle-Königin für Werbeauftritte der Firma Buck. Die amtierende Spätzle-Königin heißt Jana Hofmann. Seit 2013 vertritt sie Gaggli-Spätzle und -Nudeln mit Sachkenntnis, Freude und Charme. Da die Zusammenarbeit mit ihr so ausgesprochen gut funktioniert, hat Gaggli sie auf fünf Jahre »verpflichtet«.

Eine Spätzlepresse als Mordinstrument – unglaublich, aber wahr

Dekoteller mit dem Lied der Schwaben

Das Lied der Schwaben

Ein heiter-spöttisches Loblied auf die Schwaben und alles Schwabentypische ist auf einem farbig bemalten Wandteller der Majolika-Fabrik Schrammberg zu lesen: das Lied der Schwaben. Die Spätzle werden darin mit folgender beschwingter Liedzeile besungen: »Kennst Du das Land, wo jeder lacht, wo man aus Weizen Spätzle macht [...]«. Das dekorative Porzellan begann die Majolika-Fabrik in den 1970er-Jahren zu produzieren. An die 1.000.000 Teller legte das Schrammberger Unternehmen über einen Zeitraum von 20 Jahren auf. Der Verkauf des Geschirrs erfolgte in alle Herren Länder, unter anderem in die USA, nach Südamerika und nach Brasilien. Fritz Würz, ein Freund des Firmeninhabers Peter Meyer-Melvin, verfasste das Gedicht im Firmenauftrag. Es wurde oft kopiert und für andere Produkte verwendet, doch die Rechte liegen immer noch bei der Majolika-Fabrik Beteiligungs-GmbH in Schramberg. Freunde des Retro-Tellers können ihn heute nur noch aus zweiter Hand beziehen, denn seine Produktion stellte die Majolika-Fabrik in den 1990er-Jahren ein.

Das schwäbische Grundgesetz

Ordnung muss sein. Besonders bei den Schwaben. Damit die Grundordnung erhalten bleibt, gibt es das schwäbische Grundgesetz. Indirekt verdeutlicht es den schwäbischen Wesenszug: tiefgründig, pragmatisch, selbstreflektiert, besitzbezogen und rigoros. Rechtsgültigkeit besitzt das elf Paragrafen lange Gesetz eher nur in den Herzen der Schwaben. Damit es trotzdem niemand vergisst, ziert es Postkarten, Taschen und T-Shirts. Spätzle – natürlich – dürfen im Grundgesetz nicht fehlen. Alles andere wäre ein Affront gegen das schwäbische Wesen.

Tatwaffe Spätzlepresse

Im Jahr 2013 erschlug eine Frau in Schwaben ihren Lebensgefährten mit einer Spätzlepresse! Die Tat trug sich im heimischen Wohnzimmer zu. Während ihr Freund auf dem Sofa schlief, schlug die 60-Jährige mehrfach mit ihrem Küchenutensil auf den Kopf des Mannes ein. Als das Opfer erwachte und versuchte, sich zu wehren, schlug die Frau weiter mit der Presse zu. Unnachgiebig traktiere sie ihren Partner, bis er sich nicht mehr regte. Danach betrank sich die Täterin mit einer Flasche Rum und verletzte sich selbst mit der Presse so schwer, dass sie das Bewusstsein verlor. Der Sohn entdeckte seinen blutüberströmten, bewusstlosen Vater und dessen Freundin, und rief den Notarzt. Kurze Zeit später erlag der schwer Verwundete seinen Kopfverletzungen. Die Frau, bei welcher die Ärzte eine psychische Krankheit diagnostizierten, wurde auf unbestimmte Zeit in die Psychiatrie eingewiesen. Als Tatmotiv gelten Verfolgungswahn und krankhafte Eifersucht. Wie bekannt wurde, war die

Eugen Hummel neben einem Nachbau seiner Spätzlepresse aus englischer Kriegsgefangenschaft. Rechts neben der Presse steht ein Zylinderpleuel und schräg daneben ein Kolbenring. Pleuel und Kolben veranschaulichen, dass es sich bei dem verwendeten Zylinder um den eines sehr großen Lastwagenmotors handelte. Vor der Spätzlepresse liegt ebenfalls zum Größenvergleich ein Spätzlebrett mit Schaber.

Spätzle-Abtropfsieb, aus einem Wehrmachtshelm gefertigt

Frau keine Schwäbin. Eine echte Schwäbin hätte ihre Spätzlepresse nie für einen Mord missbraucht.

Ein Wehrmachtshelm als Spätzle-Abtropfsieb

Die Geschichte bringt wunderliche Dinge hervor. Sogar für die Küche. Nach dem Zweiten Weltkrieg herrschte große Knappheit. Es mangelte an lebenswichtigen und praktischen Gegenständen. Die Menschen organisierten ihren Alltag mit Provisorien. Kriegsausrüstung erwies sich als nutzlos. Das militärische Material wurde umgeformt und umfunktioniert. Aus Stahlhelmen, Granatenhülsen und Feldflaschen entstanden Haushaltsgegenstände wie Kochtöpfe, Siebe, Schöpflöffel und Trichter. Sogar Spätzleküchengeräte wurden auf diese Weise hergestellt. Durch Umpressen und Emaillieren von Wehrmachtshelmen wurden etwa Spätzle-Abtropfsiebe produziert. Ein zweckmäßiger Weg, der Not entgegenzuwirken.

Spätzle für 1.070 Mann

Eugen Hummel kam 1945 als junger Soldat in englische Kriegsgefangenschaft. Achtzehn Jahre war er alt. Drei Jahre sollte die Gefangenschaft dauern. Zu essen gab es für die Häftlinge tagein, tagaus nur Kartoffeln als Beilage! Für Männer wie Eugen Hummel, die von Hause aus Spätzle lieben gelernt hatten, waren das eindeutig zu viele Kartoffeln! Deswegen ließen sich Eugen und sein Kamerad Erwin Weckerle etwas einfallen. Wenn es sonst niemand tat, dann wollten sie es selbst tun: Spätzle kochen! Mehl, Trockenei, Wasser und Salz waren vorhanden. Das englische Militär teilte den Gefangenen die Lebensmittel regelmäßig zu. Doch für 1.070 Männer Spätzle schaben? Das schien den zwei Kameraden undenkbar. Eine Idee musste her. Erwin Weckerle erinnerte sich an eine Spätzlepresse, die er aus der Zeit vor dem Krieg kannte. Er fertigte eine Skizze. Für den Zusammenbau des Geräts fanden sich geschickte Hände und Tüftler unter den Gefangenen, die mithalfen, technische Abfällen fachmännisch wiederzuverwerten: Eine LKW-Zylinderbuchse diente ihnen als äußere Hülle und Behältnis. In die Hülle hinein kam ein Kolben. Um den Kolben auf und ab bewegen und den Teig durch den Zylinder pressen zu können, montierten sie an den Kolben einen Hebel. Aufgefräste Winkeleisen befestigten sie rechts und links des Zylinders; sie dienten als Griffe, um die mit Spätzleteig befüllte Presse auf die Kessel der Feldküche hieven zu können. Und tatsächlich, die Presse funktionierte! Von da an variierten die Mahlzeiten der Gefangenen. Mal gab es Kartoffeln, mal gab es Spätzle … Für Eugen Hummel und seine Kameraden bedeutete dies das kleine Glück in schweren Zeiten. Ein Nachbau der Spätzlepresse von Eugen Hummel und Erwin Weckerl kann heute im Heimatmuseum Eningen besichtigt werden.

Reklamemarken für Spätzle und Spätzlegerätschaften

Eisenpfanne von 1916 mit Randinschrift: »Gab Kupfer für das Eisen hin – im Weltkrieg 1916 – Der deutschen Hausfrau Opfersinn«. Am Griff zeigt die Pfanne zwei Figuren, einen Soldaten und eine Hausfrau, die sich die rechte Hand reichen.

Eine Eisenpfanne zum Dank

In ihr braten Spätzle und Knöpfle. Der Knöpfleschwab trägt sie als Erkennungsmerkmal sogar bei sich: die Pfanne. Als während des Ersten Weltkriegs Rohstoffe wie Kupfer oder Eisen knapp wurden, erhielt die deutsche Bevölkerung den Aufruf zur sogenannten »Metallspende«. Alle Haushalte waren aufgefordert, ihre metallenen Haushaltsgegenstände abzugeben. Die gesammelten Wertstoffe wurden eingeschmolzen und von der Rüstungsindustrie weiterverarbeitet. Als Dank erhielten die »Spender« eine mit patriotischer Zierde dekorierte Eisenpfanne.

Reklamemarken

Seit ihrem Aufkommen im 19. Jahrhundert dienten Reklamemarken dem Verschönern und teilweise auch dem Verschließen von Briefen. Sie sind etwas größer als Briefmarken, doch ohne postalischen Wert. Die Spätzle-Industrie war sich der Werbewirksamkeit der Marken bewusst. Mit individuellen und kunstvollen Designs und Motiven, oft auffallend bunten, warb sie für ihre Produkte. Ihren Charme haben die Werbemarken bis heute nicht verloren. Im klassisch rechteckigen oder selteneren runden Format, mit feiner oder grober Randzahnung faszinieren sie Sammler weltweit noch immer.

Getreidemühle

Mehl- und Salzbehälter, zur Befestigung an der Wand gedacht

Mehl, Dunst und Gries

Von kostbaren Zutaten zu köstlichen Rezepten

Mehl, Eier, Wasser und Salz sind augenscheinlich gewöhnliche Zutaten. Manchmal braucht es nicht viel, um köstliche Speisen zu zaubern. Manchmal ist das Einfache das Kostbare. Wenn Sie sich fragen: Welches Mehl kommt in die Spätzle? Woran erkennt man, ob ein Ei noch frisch ist? Muss man beim Wasser etwas beachten? Wie lassen sich Spätzle und Knöpfle verfeinern? Welche Rezepte sind besonders köstlich? Welche Soßen passen am besten zu den beiden Leibspeisen? Dann sind Sie hier goldrichtig. Denn das alles erfahren Sie in den folgenden Kapiteln.

Kleine Mehlkunde

Welches Mehl ist das richtige, um Spätzle und Knöpfle zu kochen? Die Antwort lautet: Es kommt darauf an. Für gewöhnlich verwenden Köche zur Spätzleherstellung Mehl, sogenanntes feines Mehl, und Dunst, auch doppelgriffiges Mehl oder Dunstmehl genannt. Mehl und Dunst entstehen, indem Getreide gemahlen wird. Mehl ist etwas feiner als Dunst. Aufgrund seiner größeren Körnung – sie liegt im Mikrometer-Bereich – klumpt Dunst nicht so leicht wie Mehl, warum es besonders für die Spätzlezubereitung geeignet ist. Obendrein nimmt Dunst Wasser langsamer, dafür gleichmäßiger und stärker auf als Mehl, dadurch wird der Teig elastisch und kochfest.

Die für Knöpfle und Spätzle üblicherweise verwendeten Getreidesorten sind Weizen und Dinkel. Als Spelzgetreide ist Dinkel von Haus aus gesünder als das Nacktgetreide Weizen, das keine Spelze besitzt. Ein Spelzgetreide ist ein Getreide mit einer ungenießbaren Holzfaserschicht, der Spelze. Die Spelze funktionieren wie ein Schutzmantel. Sie schützen das Getreidekorn samt seinen Mineralstoffen, Ballaststoffen und Vitaminen vor schädlichen Umweltstoffen.

Gemahlene Dinkelkörner ergeben ein eiweißreiches Mehl. Es besitzt einen hohen Klebergehalt, den Gluten- bzw. Klebereiweißgehalt. Der Klebergehalt beim Dinkelmehl ist höher als beim Weizenmehl. Viel Kleber bedeutet, der Teig wird elastisch, gut formbar, bleibt länger weich und frisch, weil er viel Wasser bindet. Darin liegt das Geheimnis des Dinkelmehls für die Spätzlezubereitung, und natürlich für den Geschmack. Dinkelspätzle schmecken etwas nussig. Weizenspätzle schmecken mild. Vollkornspätzle, egal ob aus Dinkel oder aus Weizen, schmecken kernig und haben eine eher graue Farbe, was nicht jeder appetitlich findet. Gesünder sind Spätzle aus Vollkornmehl allemal.

Da beim Vollkornmehl das volle Ge-

Haushaltungsvortheile.

164. Eier ein Jahr lang frisch zu erhalten.

Man streue in ein Gefäß nach Belieben auf den Boden 3 quer Finger hoch fein gesiebte und getrocknete Holzasche, setze Eier mit der Spitze abwärts in die Asche, bedecke sie wieder so hoch mit solcher Asche, und so fort, bis alle Eier eingelegt sind. Nach 8 Tagen nimmt man sie heraus und setzt sie oberste unten, und so von 8 zu 8 Tagen. Hierzu sind im August und später hinzugelegten Eier die besten, zuverlässiger ist es, wenn man die Eier vor dem mit einer Spe... ...icht, weil dadurch

... aufzubewahren.

...elstunde in kaltes Wasser, ... Nun nehme man Butter, ... dem ähnliches, und bestreiche ... aber das breite Ende des Eies an ... sie in ein Eiergestell stellen, daß das ... wischt wird und sie sich nicht berühren, so sind ... zu gebrauchen.

...andere Art.

...mit etwas Wasser ab, ...rührt den Kalk zu ...stehen läßt, bis ...Oberfläche ...ndern Topf

gsvortheile.
en gefrorne Eier.
ige Zeit in kaltes Wasser
rost ausgezogen.

b Eier frisch sind.
asser; die fr...
...inter

erlegte Eier zu finden.
welche zu verlegen pflegt, des ...en Ort, wo das ...
man das Ei in ihr fühlt, Salz ...können die Eier ...
s geschehen ist, läuft die Henne ...
hrem Neste, um das Ei zu le...
nachzugehen, so wird man die

treidekorn genutzt wird, gehen fast keine Inhaltsstoffe verloren. Ein Getreidekorn enthält wichtige Nährstoffe. Es besteht aus drei Bestandteilen: der Schale, dem Mehlkörper und dem Keimling. In der Schale zum Beispiel stecken Ballaststoffe, Mineralstoffe und Eiweiße, der Mehlkörper enthält Stärke und der Keimling Vitamine und Fette.

Vollkornmehl verwende ich zum Kochen trotz seiner vielen gesunden Nährstoffe eher selten, denn goldgelbe Spätzle sind mir dann doch lieber. Früher habe ich ganz normales 405er-Weizenmehl genommen. Es eignet sich prima für Spätzle. Inzwischen kaufe ich mein Mehl in einer Mühle, die ein spezielles Spätzlemehl anbietet: eine Mischung aus Weizenmehl, Weizendunst und Hartweizengrieß. Mit dem Spätzlemehl schmecken meine Spätzle noch leckerer. Für Dinkelspätzle verwende ich immer Dinkeldunst. Dinkeldunst ist griffiger und klumpt nicht so wie Dinkelmehl. Es kommt, wie gesagt, immer darauf an ...

Rund ums Ei

Das Ei gehört in den Spätzle- und Knöpfleteig wie das Amen in die Kirche. Es macht den Teig nicht nur locker und verleiht ihm seine goldgelbe Farbe, sondern dient auch als Bindemittel. Wenn der Klebergehalt, das sogenannte Gluten bzw. Klebereiweiß, bei einem Mehl nicht so hoch ist, sollte man mehr Eier verwenden.

In Notzeiten, während und nach dem Krieg, waren frische Eier ein rares Gut. Spätzle wurden dann – wie mir einige Museumsbesucher berichteten – mit sehr wenig und sogar ohne Eier zubereitet. In **Emma Hanna Appenzellers »Mein Kochbuch für den täglichen Gebrauch«** aus dem Jahr 1948 wird noch auf 500 g Mehl 1 Ei verwendet. Zum Vergleich: Heute kommen auf 1 Ei 100 g Mehl. Die Eimengen in Spätzle spiegeln gewissermaßen gesellschaftliche Not und Wohlstand wider. Heutzutage wird der Teig gerne mit Wasser gestreckt. Einerseits wenn keine tierischen Produkte in den Spätzle gewünscht sind, wie es Veganer bevorzugen, oder andererseits aus Kaloriengründen, da Eier im Vergleich zum Wasser einen hohen Nährwert besitzen. Wird das Ei durch Wasser ersetzt, ändern sich Konsistenz, Geschmack und Aussehen der Spätzle und Knöpfle. Der Teig wird zäher, die Spätzle schmecken fad und sehen nicht so schön goldgelb aus. Da das Auge bekanntlich mitisst, läuft uns allein beim Anblick goldgelber Spätzle das Wasser im Mund zusammen.

In einem alten Kochbuch von Johann Matthias Birkmeyer aus dem Jahr 1845, dem »Vollständigen Kochbuch für Kranke und Genesende«, habe ich ein paar praktische und »interessante« Tipps rund ums Ei gefunden, die ich Ihnen weitergeben möchte, besonders auch denjenigen unter Ihnen, die eigene Hühner halten.

EIER AUF ANDERE ART AUFZUBEWAHREN

Man lege die Eier eine Viertelstunde in kaltes Wasser, wasche sie rein und trockne sie ab. Nun nehme man Butter, Öl, Fett, Fettschwarte oder etwas dem ähnliches, und

*Männer und spielende Kinder vor dem Göppinger Sauerbrunnen
auf einer Postkarte mit Poststempel vom 11. März 1911*

In des Badmeisters Küche zoge ich Erkundigung ein / ob man das Sauer-Wasser auch zum kochen gebrauchte / und bekame zur Antwort / daß alles / was von Meel zubereitet wird / als Knöpflein / Nudeln / Spazen rc. sch[mack]hafter

des Göppinger Sauer-Brunnen. 15

hafter und lukkerer vom Sauer-Brunnen / als von süssem Wasser werden / die Hülsen-Gemüser aber sich nicht wohl damit kochen liessen.

*Von den Quellen des Göppinger
Sauerbrunnens*

bestreiche das ganze Ei, besonders aber das breite Ende des Eies am Sorgfältigsten. Kann man sie in ein Eiergestell stellen, dass das Fett nicht abgewischt wird und sie sich nicht berühren, so sind sie nach einem Jahr noch zu gebrauchen.

MITTEL GEGEN GEFRORENE EIER
Man braucht sie nur einige Zeit in kaltes Wasser zu legen; denn dadurch wird der Frost ausgezogen.

ZU SEHEN, OB EIER FRISCH SIND
Man werfe die Eier ins Wasser; die frischen gehen unter, die alten schwimmen.

VON HÜHNERN VERLEGTE EIER ZU FINDEN
Man reibe der Henne, welche zu verlegen pflegt, des Morgens oder zur Zeit, da man das Ei in ihr fühlt, Salz an den Legedarm. Sobald dieses geschehen ist, läuft die Henne in großer Geschwindigkeit nach ihrem Neste, um das Ei zu legen. Man darf ihr alsdann nur nachgehen, so wird man die Eier bald finden.

HÜHNERN DAS EIFRESSEN ABZUGEWÖHNEN
Man lässt aus einem Ei das Weiße herauslaufen, so dass der Dotter darin bleibt, zu diesem gießt man statt des weißen flüssig gemachten Gips, damit das Ei hart und dick ausgefüllt werde. Wenn man nun ein oder mehrere solche Eier an denjenigen Ort legt, wo vorher die guten Eier ausgeleert worden, wird die Henne ihre böse Gewohnheit endlich ablegen, sonst muss man ihr den Vorderschnabel abschneiden.

Das richtige Wasser

Köche geben dem Spätzleteig gerne einen Schuss Sprudel, also Wasser mit Kohlensäure, bei. Das bewirkt, dass der Teig lockerer wird. Das wusste schon Schriftsteller, Leibarzt und Stadtphysikus Rosinus Lentilius. In Göppingen untersuchte Lentilius die Wirkung des Sauerwassers auf die menschliche Gesundheit. Er stellte fest, dass es sowohl innerlich als auch äußerlich angewendet werden könne und sich besonders für Mehlspeisen eigne. In seinem Buch »Göppinger Sauerbrunnen« von 1725 – das im Übrigen als erster schriftlicher Beleg für »Spatzen« gilt – berichtet er: *»In des Badmeisters Küche zoge ich Erkundigung ein / ob man das Sauer-Wasser auch zum kochen gebrauchte / und bekame zur Antwort / daß alles / was von Meel zubereitet wird / als Knöpflein / Nudeln / Spazen ec. schmakkhafter und lukkerer vom Sauer-Brunnen / als von süssem Wasser werden / die Hülsen-Gemüser aber sich nicht wohl damit kochen liessen.«* Manche Kochkniffe sind wahrlich älter, als man meinen möchte. Sollte wider Erwarten einmal kein Mineralwasser zur Hand sein, gibt es – den Tipp bekam ich von einer Museumsbesucherin – einen praktischen Kunstgriff: Einfach einen Schuss Diplomatenwasser, sprich Sekt, in den Teig geben, das funktioniert genauso …

Soßen für jeden Geschmack

Die einen mögen sie pur, die anderen lieben sie mit Soße. Wenn Sie ein ebenso großer Soßenfan sind wie ich, Ihre Spätzle und Knöpfle gerne tunken und im Saft schwenken, kann ich Ihnen wärmstens die Soßenzubereitungen von Wolfgang Huber ans Herz legen. Der Koch a.D., der inzwischen den heimischen Herd für Eigenkreationen und Kochkünste in Beschlag nimmt, empfiehlt zu den schwäbischen Leibspeisen, je nach Fleischbeigabe, eine helle und eine dunkle Soßenvariante sowie eine rote Kreation, die Kinder besonders gern mögen. Auch die Gemüsefans unter Ihnen kommen auf ihre Kosten mit der Kohlrabisoße von Lisa oder einer sauren Bohnensoße. Viel Freude wünsche ich beim Ausprobieren.

BRAUNE SOSSE

2 EL Öl | 250 g Kalbsknochen | 1 kl. Zwiebel | 1 kl. Karotte | 1 Stück Lauch (ca. 40 g) | 35 g Tomatenmark | ca. 1 l Wasser oder Brühe (verwendet man Brühe, dann benötigt man weniger Gewürze) | 100 ml Rotwein | 1 Lorbeerblatt | 1,5 g schwarze Pfefferkörner | 3 – 4 Pimentkörner | 1 g Kräuter (Oregano, Thymian, Rosmarin) | 1 Prise Salz | 1 gestrichener TL gekörnte Brühe | 12,5 g Mehlbutter (Mehlbutter dient zum Andicken von Soßen)

Öl in einem Topf erhitzen, die Knochen dazugeben und gut anbraten. Zwiebel, Karotte, Lauch, Tomatenmark zugeben und weiter anbraten. Je dunkler die Knochen und das Gemüse angebraten werden, desto kräftiger wird die Soße. Darauf achten, dass die Zwiebeln nicht verbrennen, sonst wird die Soße bitter. Das Ganze mit etwas Wasser oder Brühe ablöschen und einkochen lassen. Anschließend den Rotwein dazugeben und weiter reduzieren. Das restliche Wasser / Brühe sowie die Gewürze und Kräuter hinzufügen und im Ofen 40 Minuten bei ca. 200 °C schmoren lassen. Dann die Soße durch ein Sieb passieren und mit warmer Mehlbutter abbinden. Für die Mehlbutter 12,5 g Butter zerlassen und 12,5 g Mehl in die Butter rühren. Das Verhältnis einer Mehlbutter ist immer 1:1. Die warme Mehlbutter gut in die Soße einrühren, da sich sonst Klümpchen bilden. Wieder ca. 20 Minuten köcheln lassen, damit der Mehlgeschmack verschwindet, und abschmecken.

Tipp: Die braune Soße kann man als Grundlage für mehrere Soßen verwenden wie z.B. Speckosße, Jägersoße, Rahmsoße, Zigeunersoße, Pfifferlingsoße …

HELLE SOSSE

25 g Mehl | 25 g Butter | 500 ml warme Milch | 1 Prise Muskat | 1 Prise Salz | 1 Prise Pfeffer weiß | 1 gestrichener TL gekörnte Brühe

Mehl in Butter anschwitzen, warme Milch dazugeben und alles gut verrühren, damit keine Klumpen entstehen. Gewürze dazugeben und ca. 20 Minuten leicht köcheln lassen und immer wieder umrühren. Fertig.

Tipp: Gibt man 25 g Parmesankäse an die helle Soße, kann sie zum Gratinieren von Gerichten verwendet werden, z.B. für einen Spätzleauflauf.

TOMATENSOSSE

½ kl. Zwiebel | 1 EL Olivenöl | 2 – 3 Knoblauchzehen (gehackt) | 20 g Tomatenmark | 1 kl. Dose gehackte Tomaten | 1 Prise Salz | 1 Prise Pfeffer | ½ TL Oregano | ½ TL Salbei | 1 Lorbeerblatt | 2 – 3 Basilikumblätter gehackt | evtl. etwas Wasser

Gehackte Zwiebel in Olivenöl anschwitzen, Knoblauch, Tomatenmark dazugeben und weiter anbraten. Die gehackten Tomaten mit allen Gewürzen hinzufügen und ca. 20 Minuten köcheln lassen. Basilikum erst danach zugeben, so bleibt das Aroma erhalten. Eventuell etwas Wasser beigeben, wenn die Soße etwas dünner sein darf. Diese Soße essen Kinder sehr gerne.

LISAS KOHLRABISOSSE

Salz | 2 Kohlrabi mittlerer Größe | 1 EL Distelöl o. Schweineschmalz o.Ä. | 2 EL Mehl | Pfeffer | Muskat

In einem kleineren Topf ca. ¼ Liter gesalzenes Wasser zum Kochen bringen. Währenddessen den Kohlrabi schälen und in kleinfingergroße Stifte schneiden. Es dürfen auch die zarten Kohlrabiblätter dazu. Ab in den Topf mit dem Gemüse und bei mittlerer Hitze 5 bis 6 Minuten garen. Anschließend den Kohlrabi mit einem Seiher / Sieb über einem tiefen Teller abgießen, das Kochwasser brauchen wir später noch. In den leeren, noch heißen Topf das Distelöl oder Schweineschmalz geben und Mehl hinzufügen. Unter ständigem Rühren und bei kleiner Hitze entsteht eine helle Mehlschwitze. Das Mehl muss sich ca. 1 Minute lang gut mit dem Fett verbinden. Aufpassen, dass die Mehlschwitze nicht braun wird! Notfalls den Topf zwischendurch von der Herdplatte nehmen. Dann das Kohlrabi-Kochwasser langsam dazugießen und kurz aufkochen lassen, sodass die Mehlstärke anzieht, also bindet. Jetzt Salz, Pfeffer, Muskat und die Kohlrabistücke hineingeben und auf niedriger Hitze vor sich hin köcheln lassen. Die Kohlrabisoße wird heiß zu Spätzle serviert.

SAURE BOHNENSOSSE

250 g grüne Bohnen o. Stangenbohnen | Salz | 300 g Speckwürfel | etwas Öl | Grundrezept braune Soße | 1 – 2 EL Weißweinessig | 1 Lorbeerblatt | Pfeffer | Muskat

Die grünen Bohnen putzen, in ca. 2 cm lange Stücke schneiden und in Salzwasser garen. Die Stangenbohnenstücke dürfen ruhig etwas länger sein. Die Speckwürfel in einer Pfanne mit etwas Öl anbraten. Die braune Soße nach Grundrezept zubereiten. Die braune Soße mit Essig, den angebratenen Speckwürfeln und dem Lorbeerblatt 10 Minuten köcheln lassen. Immer wieder umrühren und darauf achten, dass nichts anbrennt. Dann die Bohnen dazugeben. Mit Salz, Pfeffer und Muskat abschmecken. Spätzle erhitzen und die saure Bohnensoße dazu reichen.

Spätzle- und Knöpfle-Rezepte

Die Zutaten für köstlichen Spätzle- und Knöpfleteig gibt es für gewöhnlich in jedem Haushalt vorrätig, oder er ist in jedem Supermarkt erhältlich – und obendrein schonen sie den Geldbeutel. Der Grundteig funktioniert kinderleicht und ist für Spätzle und Knöpfle der gleiche. Mit einer Ausnahme vielleicht: Der Spätzleteig sollte etwas fester sein als der Knöpfleteig. Wie das funktioniert, erfahren Sie in einem der nachfolgenden Rezepttipps. Der Einfachheit zuliebe sind alle Rezepte auf Spätzle ausgelegt und für jeweils 4 Personen. Die bunte Gerichtevielfalt, darunter Suppen, vegetarische oder Fleischwurstspätzle, Aufläufe, Pfannengerichte und Süßspeisen, können Sie nach Gusto jederzeit auch mit Knöpfle genießen. Den großen Unterschied kennen Sie bereits: Spätzle oder Knöpfle? – Das ist eine Frage des Küchengerätes, mit dem der Teig in Form gebracht wird. Für die vielseitige Rezeptauswahl möchte ich allen Museumsbesuchern danken, die mir ihre persönlichen Lieblingsrezepte für den großen Hunger oder den kleinen Appetit zur Verfügung gestellt haben. Zudem freue ich mich, Ihnen meine ganz persönliche Spätzlekreation vorstellen zu können. Lassen Sie sich überraschen …

GRUNDREZEPT

500 g Mehl | 5 Eier (M) | 185 – 250 ml Wasser | 1 Prise Salz

Die Spätzle-Formel!
100 g Mehl + 1 Ei + ca. 50 ml Wasser
+ etwas Salz = 1 Portion Spätzleglück

Mehl in eine Schüssel geben. Eier, Wasser und Salz mit dem Kochlöffel oder dem Handmixer unterschlagen, bis der Teig Blasen wirft und langsam zäh vom Löffel fließt, ohne zu reißen. Die Wassermenge für den Teig variiert je nach Zubereitungsart: Für die Spätzlepresse ist ein festerer Teig mit weniger Wasser als beim Schaben notwendig.

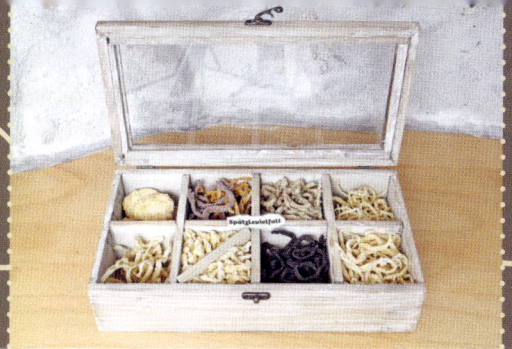

*Erschd stockts,
noh schmeckts,
noh gohts zur Neig,
s' ganza Läba isch a Spätzledeig.*

Ralph Digel

Es kann zum Leitungswasser auch ein Schuss Mineralwasser dazugegeben werden. Das macht den Teig locker. Den Teig 15 Minuten ruhen lassen. Salzwasser in einem großen Topf aufkochen und den Teig portionsweise vom Brett hineinschaben, mit dem Spätzle- oder Knöpflehobel hineinhobeln oder mit der Presse hineindrücken. Einmal aufkochen und mit der Schaumkelle herausnehmen.

Tipp: Spätzle können auch ohne Eier zubereitet werden. »Vegane Spätzle« waren früher ein typisches Arme-Leute-Essen. Eine gute Alternative heute ist »No Egg«, erhältlich im Reformhaus, Bioladen oder Veganversand. Statt 1 Ei pro 100 g Mehl gibt man einen TL »No Egg« in den Teig.

Tipp: Goldgelbe Spätzle entstehen, wenn dem Teig Safran oder Kurkuma beigefügt wird. Zuerst den kostbaren Farbstoff zu den Eiern geben, verquirlen und dann mit dem Mehl vermengen.

Tipp von Maria: Der Safran muss nicht unbedingt in den Teig, sondern er kann auch in das Wasser gegeben werden, in dem die Spätzle kochen. Das gibt ebenfalls goldgelbe Spätzle.

Tipp: Etwas Öl im Wasser verhindert das Zusammenkleben der Spätzle.

Tipp von Helga: Spätzle lassen sich wunderbar einfrieren. Einfach die gekochten Spätzle gut abtropfen, auf einer Alufolie verteilen und etwas antrocknen lassen. Die Spätzle mit ein paar Tropfen Öl beträufeln und vermengen. In entsprechende Behälter füllen und einfrieren.

Tipp: Gerätschaften vor der Benutzung mit kaltem Wasser abspülen, dann klebt der Spätzleteig nicht so fest daran. Das Gleiche gilt für die Geräte unmittelbar nach ihrem Gebrauch, um lästige Abwaschmanöver zu vermeiden.

...**auflauf mit Rauchfleisch und Sauerkraut.**
...en Teil von der in Nr. 540 angegebenen Kartoffelmasse in eine
... gibt darauf gewiegtes Rauchfleisch und etwas übriges Sauer-
...wieder von der Kartoffelmasse und oben darauf Brösel und kleine
...gen. Der Auflauf wird 1 Stunde im Backofen gebacken.
...hfleisch und Sauerkraut kann man auch Zungen- oder Briesle-
... einer dicken Buttersoße dazwischen geben.

...iggemüse

...le. Siehe Bild 13 und 14.
...d Mehl, 2—3 Eier, schwach ¼ Liter Wasser, 1 Eßlöffel Salz.
...hl wird mit obigen Zutaten zu einem festen Teig angerührt und
... lange geschlagen, bis nichts mehr am Kochlöffel hängen bleibt, wenn
...n in die Höhe hält. Nun nimmt man einen Kochlöffel Teig auf ein
...achtes Spätzlebrett und legt mit einem dazu bestimmten Messer läng-
...ünne Spätzle in siedendes Salzwasser ein. Sobald sie in die Höhe
...n, nimmt man sie mit einem Schaumlöffel heraus, schwenkt sie in
... Wasser und richtet sie sogleich an. Man überschmälzt die Spätzle mit
...ten Weckbrosamen, Weckwürfeln oder feingeschnittenen, gelb gedämpf-
...wiebeln. Sehr gut schmeckt lagenweise Sauerkraut und Spätzle auf eine
...te angerichtet und mit Zwiebel überschmälzt.

...artoffelspätzle.
...er den fertig geschlagenen Teig mengt man die Hälfte gekochte, geriebene
...rtoffeln.

...Geröstete Spätzle.
...Dazu müssen die gekochten Spätzle gut abgetrocknet sein. Am schönsten werden
...ie in einer eisernen Pfanne, welche nie gewaschen, sondern nur mit Papier
...ausgerieben und in einem Tuch oder Papier eingepackt aufbewahrt wird.
...Man röstet sie auf beiden Seiten in Schweinefett und Butter unter Rütteln
...der Pfanne, bis sie eine schöne gelbe Kruste haben, gibt dann ein mit Milch
...oder saurem Rahm und Salz verschlagenes Ei darüber und stürzt sie auf eine
...Platte.

56. Spätzle mit Kartoffelschnitz (Gaisburger Marsch).
Zutaten für Spätzle: ½ Pfund Mehl, schwach ⅛ Liter Wasser, 1—2 Eier, Salz. Für
Kartoffelschnitz: 1 Pfund Kartoffeln, 20 g Butter, 1 kleine Zwiebel, Wasser oder
Fleischbrühe.
Die rohen, geschälten Kartoffeln werden in Schnitze geschnitten, in Salz-
wasser oder Fleischbrühe weichgekocht, die fertigen, abgetropften Spätzle
(zubereitet wie Nr. 553) zugegeben. Muß wie eine dicke Suppe sein. Beim
...man in Butter geröstete Zwiebelscheiben über das Gericht.

¾ Pf...
Das Mehl wird mit der...
Eiweiß kann auch zu Schn...
die Pfannkuchen unter Rü...

558. Pfannkuchen (feine
Zu einem Pfannkuchen...
Salz glatt gerührt, 2 Ei...
einer Eierkuchenpfanne...
gleichmäßig hinein und...
den Pfannkuchen oben...

559. Buchweizenpfan...
½ Pfund Buchweiz...
Salz, 50 g geräuche...
Das Mehl wird mit...
dazugegeben, bis ei...
geschnitten und hi...
gebraten. Dann ...
Pfannkuchen.
Kann man kein B...
werden.

560. Eierhaber.
½ Pfund Me...
Mehl und Ger...
die Eigelb, dar...
In einer flach...
voll Teig hin...
um und schn...

561. Blätter...
¼ Pfun...
Fertiger ...
monde od...
ganz klein...
guter Kons...

562. Geri...
Aus m...
Dreieck...
backen...

SPÄTZLE-SUPPE

Spätzle nach Grundrezept + | Fleisch- o. Gemüsebrühe | Schnittlauch nach Belieben

Die fertigen Spätzle in die heiße Fleisch- oder Gemüsebrühe geben, kurz aufkochen und heiß servieren. Die Suppe kann nach Belieben mit Schnittlauch verfeinert werden.

Tipp: Schnittlauch kann sehr leicht mit der Schere geschnitten werden.

SCHWABENEINTOPF »GAISBURGER MARSCH«

Fleischbrühe: Suppengemüse (ca. 1 – 2 Möhren, 1 Petersilienwurzel, ca. 50 g Sellerie, ca. 50 g Porree) | 1 Zwiebel | 500 g Siedfleisch | 2 – 3 Suppenknochen | Salz | Pfeffer | 1 Prise Muskat

Spätzle nach Grundrezept | 500 g Kartoffeln | 1 Zwiebel | etwas Fett | 1 Bund Schnittlauch

Für die Fleischbrühe das Suppengemüse (Möhren, Petersilienwurzel und Sellerie) schälen. Wenn die äußeren Blätter schlecht sind, die äußeren Porree-Blätter entfernen. Vom Porree den Wurzelansatz wegschneiden und den Porree längs halbieren. Das Gemüse kalt abspülen. Zwiebel halbieren, aber nicht schälen, da die Brühe dadurch eine schöne Farbe bekommt. Das gewürfelte Suppengemüse sowie die Zwiebel in den Topf geben, Fleisch und Suppenknochen dazu und mit kaltem Wasser aufgießen, bis das Fleisch bedeckt ist. Dann ca. 2 Stunden köcheln lassen. Fleisch und Knochen aus der Brühe nehmen. Danach die Brühe durch ein feines Sieb gießen und mit Salz, Pfeffer und Muskat würzen.

Spätzle nach Grundrezept zubereiten. Kartoffeln schälen, längs teilen und in Schnitze schneiden. In der abgesiebten Fleischbrühe Kartoffeln ca. 15 – 20 Minuten gar kochen. Dann die Spätzle und das in Würfel geschnittene und in der Brühe gegarte Fleisch dazugeben. Zwiebel fein hacken und rösten. Den Eintopf in Tellern anrichten und mit der gerösteten Zwiebel sowie dem frischen Schnittlauch garnieren.

Spätzle mit Kartoffelschnitz (Gaisburger Marsch)

Am Erntedankfest bot die »Weinstube Bäcker Schmid« einen Eintopf an und warb dafür im Stuttgarter Neuen Tagblatt 1933 mit einer Anzeige

Der Name »Gaisburger Marsch«

Es gibt viele Überlieferungen, wie der Gaisburger Marsch zu seinem Namen kam. Dem Volksmund nach soll er seinen Namen einer im Stuttgarter Stadtteil Gaisburg gelegenen Gaststätte mit Bäckerei, der »Weinstube Bäcker Schmid«, verdanken, in der Offiziersanwärter ihre Mittagsmahlzeit, einen Eintopf aus Fleischbrühe, Rindfleisch, Kartoffelschnitzen und Spatzen, einnahmen. Um zur Gaststätte zu gelangen, formierten sich die Offiziere – Sie ahnen es – zum »Gaisburger Marsch«.

Ein sehr interessanter historischer Aspekt zum Namen des Eintopfs stammt von Autor Ulrich Gohl. Während der Vorbereitungen zu seiner Ausstellung »Gaisburger Marsch – Auf den Spuren des legendären Eintopfs« im MUSE-O Stuttgart fand Gohl heraus, dass der Name »Gaisburger Marsch« mit den »Eintopfsonntagen« des NS-Winterhilfswerks in Verbindung stand. Das Hilfswerk, ein Propagandainstrument, unterstützte unter dem Deckmantel sozialer Hilfe notleidende Menschen. »Spenden« sammelte die Einrichtung über Aktionen wie den »Eintopfsonntag«.

Ab 1933 trat er in Kraft. Am jeweils ersten oder zweiten Sonntag der Monate Oktober bis März sollten Familien und Gasthäuser nur Eintopf auf den Tisch bringen. Das dadurch gesparte Geld mussten sie dem Winterhilfswerk »spenden«. Die Einhaltung wurde streng kontrolliert und sogar die Kinder in der Schule gefragt, ob es am Sonntag ein Eintopf-Essen gab. Einen Tag vor dem ersten Eintopfsonntag, dem 1. Oktober 1933, schaltete die Gaststube »Weinstube Bäcker Schmid« eine Anzeige im Stuttgarter Neuen Tagblatt, um für ihren Eintopfsonntag zu werben. Nach Gohl ist die Anzeige einer der ältesten Belege für den Namen »Gaisburger Marsch«. In der betreffenden Anzeige wird sogar die Mahlzeit knapp erklärt. Gohl vermutet deswegen, dass den Lesern der Name »Gaisburger Marsch« nicht geläufig gewesen sein dürfte. Wie genau der Gaisburger Marsch zu seinem Namen kam, weiß jedoch auch Gohl nicht zu beantworten. Der Kurator hält es allerdings für wahrscheinlich, dass der Name bereits vor 1933 gebräuchlich war. Schriftliche Belege fehlen leider.

LEBER-SPÄTZLE

250 g Mehl | 2 Eier | 1 gestrichener TL Salz | knapp ⅛ l lauwarmes Wasser | 100 g feingehackte Rindsleber | Pfeffer | Muskat | Fleischbrühe | Schnittlauch nach Belieben

Mit Mehl, Eiern, Salz und Wasser einen Spätzleteig herstellen. Die feingehackte Rindsleber mit etwas Pfeffer und Muskat unter den Teig mischen und nochmals kräftig durchschlagen. Mit der Spätzlepresse oder dem Spätzlehobel den Teig in die kochende Fleischbrühe drücken bzw. hobeln. Nach 5 Minuten sind die Leberspätzle gar. Die Suppe kann mit Schnittlauch verfeinert werden.

WURST-SPÄTZLE

Spätzleteig nach Grundrezept + | 1 kl. Zwiebel | etwas Fett | ½ Bund Petersilie | 300 g Bierwurst o. Schinkenwurst

Zwiebel würfeln und mit etwas Fett glasig dünsten. Petersilie klein hacken, Bierwurst oder Schinkenwurst nicht zu grob würfeln und mit dem Spätzleteig gut vermengen. Spätzle unbedingt mit Brett und Schaber ins heiße Wasser schaben, da alle anderen Geräte für den Wurst-Spätzle-Teig nicht brauchbar sind. Etwas Fett in eine Pfanne geben und die Spätzle darin anbraten.

Tipp: Man kann auch mit einem Teelöffel kleine Knödel in die kochende Brühe setzen. Sie sind gar, sobald alle an der Wasseroberfläche schwimmen.

Tipp: Die Wurst-Spätzle kann man mit Brühe wunderbar als Suppe servieren.

**DIE LIEBLINGSSPEISE VON ROCK & ROLLINGER?
LENSA OND SPÄTZLA NADIRLE!**

Oi Zwiebel | oi Lorbeerblatt | ogfähr 250 g Lensa | ogfähr 20 g Butter | 2 EL Woizenmehl Type 405 | a bißle Rotwei | Rotweiessig nach oiganem Gschmack | a bißale a Salz | a wenga an Pfeffer | 4 Soitawischt | ond nadirlich an grauchta Bauchspeck, der daff ruhig a wenga fett sei

Wia machsch jetz des am gscheidschda? Lensa wäscha und iber Nacht enama kaltam Wasser einwoicha. Dui Zwiebel schäla und mit dem Lorbeerblatt, dem Bauchspeck und dene Lensa en an Liter kalts Wasser neidoa, langsam hoiß macha, ond dia Lensa dann in 35 Menuda bis ra Dreivertelstond woich kocha. (En der Zwischazeit machsch Deine Spätzla). Ema andra Topf duasch dui Butter schmelza und des Woizanmehl onterm Rihra braun wera lassa. Aus dene Lensa dui Zwiebel und des Lorbeerblatt rausnehma, dia Lensa mit Flüssigkeit zur brauna Mehlschwitze derzuagieasa. Mit dem Wei, am Essig, Salz und Pfeffer guat sauer abschmecka. Zum Schluss schneidasch Dein Speck no en Scheiba ond richtasch dann Dein Deller mit dene hoiße Soita auf de Lensa no abetitlich her. Ond jetz no an Guada, vom Horscht on vom Manne.

LINSEN UND SPÄTZLE – DIE LIEBLINGSSPEISE VON ROCK & ROLLINGER

1 Zwiebel | 1 Lorbeerblatt | ca. 250 g Linsen | ca. 20 g Butter | 2 EL Weizenmehl Type 405 | etwas Rotwein | Rotweinessig nach Geschmack | Salz | Pfeffer | 4 Saitenwürste | geräucherter Bauchspeck

Linsen waschen und über Nacht in kaltem Wasser einweichen. Zwiebeln schälen und mit dem Lorbeerblatt, Bauchspeck und den Linsen in einen Topf mit 1 Liter kalten Wasser geben, langsam erhitzen und 35 bis 45 Minuten weich kochen. In der Zwischenzeit Spätzle nach Grundrezept zubereiten. In einem anderen Topf Butter schmelzen und das Weizenmehl unter Rühren goldbraun werden lassen. Aus dem Linsentopf Zwiebeln und Lorbeerblatt nehmen, die Linsen in Flüssigkeit zur Mehlschwitze dazugießen. Mit dem Wein, Essig, Salz und Pfeffer gut sauer abschmecken. Zum Schluss den Speck in Scheiben schneiden, die heißen Saitenwürste und Linsen auf Tellern anrichten. Einen guten Appetit wünschen Horst und Manne.

Der Schwabe, der fast alles kann … außer vielleicht Hochdeutsch
Schwabenhymne von Rock & Rollinger

Schwobaland du bisch mei Heimat,
auf der ganza Welt bekannt,
weil mir schaffat wia die Blede,
nemmat älles selbscht end Hand.
Auf der Alp send onsre Berge
ond der Bodasee ischs Meer,
wenn i durch mei Ländle wandre,
no brauch i iberhaupscht nix mehr.

So bisch du, so bisch bloß du,
mei Schwobaland, mei Schwobalaaaand.

Mir kennet älles, außer hochdeitsch,
send ganz vorna mit derbei,
essat Spätzla, bauat Heisla
ond mir sagat heidanei.
Mir send stolz auf onsra Heimat
ond mir sparat onser Geld
ond mir bauat die beschde Audos auf
der Welt!

Schwobaland du bisch mei Herzbluat,
i hab mi en di verknallt,
jo dahanna will i leba
ond mir werdat zamma alt.
Wenn i weg bin, griag i Hoimweh
ond dann gots mir nemme guat,
dann pack i meine sieba Sacha
ond mein greana Wanderhuat.
Dann gang i hoim, i komm jetzt hoim,
en mei Schwobaland, mei Schwobalaaand

Mir kennet älles, außer Hochdeitsch,
send ganz vorna mit derbei,
essat Spätzla, bauat Heisla
ond mir sagat heidanei.
Mir send stolz auf onsra Heimat
ond mir sparat onser Geld
ond mir bauat die beschde Audos auf
der Welt!

Ond Moischder wird der VfB,
dann sengat mir Ole Ole,
des wird so wonder wonderschee.

Mir kennet älles, außer Hochdeitsch,
send ganz vorna mit derbei,
essat Spätzla, bauat Heisla
ond mir sagat heidanei.
Mir send stolz auf onsra Heimat
ond mir sparat onser Geld
ond mir bauat die beschde Audos auf
der Welt!

Mir kennet älles, außer Hochdeitsch,
send ganz vorna mit derbei,
fressat Spätzla, bauat Heisla
ond mir sagat heidanei.
Mir send stolz auf onsra Heimat
ond mir sparat onser Geld
ond mir bauat die beschde Audos auf der
ganza Welt!
Auf der ganza Welt!

Es war amol a deigig Deng,
das wollt's zu Weltberühmtheit breng',
wias einscht, welch' Glück war do em Spiel,
uf so a Deller Lensa fiel.

Ralph Digel

SPÄTZLE-SALAT

Spätzle nach Grundrezept | 4 dünne Lauchstangen | 500 g Cabanossi | 2 rote Paprikaschoten |
Dressing: 8 EL Essig | 12 EL Öl | 4 TL Senf | Salz | Pfeffer

Spätzle nach Grundrezept zubereiten. Vier Lauchstangen längs aufschneiden, waschen, in feine Ringe schneiden. 30 Sekunden in kochendem Salzwasser blanchieren. Eiskalt abschrecken und gut abtropfen lassen. Cabanossi, falls nötig, pellen und in kleine Würfel schneiden. In eine Pfanne ohne Fett geben und bei milder Hitze 5 Minuten anbraten. Auf Küchenpapier abtropfen lassen. Paprikaschoten klein würfeln. Spätzle, Cabanossi und Paprika vermischen. Die Dressingzutaten zu einer cremigen Marinade verrühren und mit den anderen Zutaten vermengen. Mindestens 30 Minuten durchziehen lassen.

Tipp: Wenn es mal schnell gehen soll, kann man auch gekaufte Bauernspätzle verwenden.

Tipp: Das Spätzlewasser ist das Wasser, in dem die Spätzle gekocht werden. Es eignet sich hervorragend für Kartoffelsalat: Vor dem Anmachen mit Essig und Öl einfach etwas Spätzlewasser über den Salat geben.

KRAUT-SPÄTZLE

Spätzle nach Grundrezept | 100 g Bauchspeck | etwas Butter | 1 kl. Dose Sauerkraut | etwas Wasser | Salz | Pfeffer

Spätzle nach Grundrezept zubereiten. Den Speck in einer großen Pfanne in etwas Butter anbraten. Das Sauerkraut und etwas Wasser dazugeben und einige Minuten köcheln lassen. Anschließend die Spätzle hinzufügen und unter stetigem Rühren weitere 5 Minuten braten. Die Kraut-Spätzle sollten etwas gebräunt aussehen. Zum Schluss mit Salz und Pfeffer abschmecken. Passt gut zu Braten, Gulasch oder Wildgerichten.

Tipp: Ein Bierbrauer aus München empfiehlt, in den Spätzleteig einen Schuss Bockbier zu geben und den Rest selbst zu verinnerlichen!

KRÄUTER-SPÄTZLE

Zutaten nach Grundrezept + | 1 Bund vom Kräutergarten

Als Kräuter kann man zum Beispiel Petersilie, Liebstöckel, Estragon, Salbei, Basilikum oder Sauerampfer nehmen. Auch Mischungen verschiedener Kräuter können je nach Geschmack verwendet werden. Kräuter im Mixer pürieren und zuerst mit den Eiern vermengen, damit sich die Kräuter schön gleichmäßig verteilen. Den Teig nach Grundrezept weiterverarbeiten.

BÄRLAUCH-SPÄTZLE

500 g Dinkelmehl | 5 Eier | 200 ml Wasser | 2 TL Salz | 3 – 4 TL Bärlauch-Pesto | Pesto: 500 g Bärlauch (Erntezeit: März / April) | 4 TL Salz | 100 g Olivenöl

Für das Pesto den Bärlauch fein mixen, Salz und Olivenöl unterrühren. Dann alle Zutaten zu einem Teig schlagen, bis er Blasen wirft. Ist der Teig zu fest, kann Wasser dazugegeben werden. Den Teig mit einem Spatzenhobel portionsweise in kochendes Salzwasser hobeln, Spätzle nach einmaligem Aufkochen mit einem Schaumlöffel aus dem Wasser nehmen, abtropfen lassen und in eine angewärmte Schüssel geben.

Tipp: Das Pesto in Gläschen abfüllen, mit Olivenöl abdecken, fest verschließen und im Kühlschrank aufbewahren. So hält sich das Pesto länger.

Mit dem Bärlauch-Spätzle-Rezept gewann Edeltraud Wagegg den Wettbewerb des Wochenblatts Ravensburg um das beste Lieblingsspätzlerezept der Region Oberschwaben.

SALBEI-SPÄTZLE

Spätzle nach Grundrezept | Salbeizweige von den Pflanzen-Spitzen | 50 g Markenbutter | 1 Prise Salz

Spätzle nach Grundrezept zubereiten. Salbeizweige waschen, trockenschütteln und die Blätter von den Zweigen schneiden. Die Hälfte der Blätter sehr fein hacken. Die Spätzle mit etwa $1/3$ der Butter erwärmen. Die restliche Butter mit Salz in einer Pfanne zum Schmelzen bringen und darin die ungeschnittenen Salbeiblätter kurz knusprig anbraten, sie dürfen nicht braun werden. Dann die Salbeiblätter aus der Butter nehmen. Danach in die verbliebene Butter in der Pfanne die gehackten Salbeiblätter geben und kurz anbraten. Den Pfanneninhalt über die warmen Spätzle geben und mit den knusprigen Salbeiblättern belegen. Heiß servieren.

TOMATEN-SPÄTZLE

Zutaten nach Grundrezept + | 3 EL Tomatenmark

Tomatenmark mit dem Spätzleteig gut vermengen. Dann nach Grundrezept weiterverarbeiten.

PAPRIKA-SPÄTZLE

Spätzle nach Grundrezept + | 2 – 3 EL Paprika edelsüß | Salatöl

Das Paprikapulver in Salatöl unterrühren und mit dem Spätzleteig gut vermengen. Dann nach Grundrezept weiter zubereiten.

SPINAT-SPÄTZLE

Zutaten nach Grundrezept + | 400 g Rahmspinat o. Blattspinat | Salz | Muskat

Den Spinat auftauen lassen. Wer lieber frische Zutaten verwendet, kann Blattspinat putzen, blanchieren, abschrecken, abtropfen lassen und fein hacken oder im Mixer fein pürieren. Mit Salz und Muskat würzen und mit dem Spätzleteig gut vermengen. Nach Grundrezept weiter zubereiten.

HASELNUSS-SPÄTZLE

Spätzle nach Grundrezept + | 100 g Haselnüsse | 1 Ei | etwas Wasser

Spätzleteig nach Grundrezept zubereiten, die übrigen Zutaten hinzugeben und den Teig zu Spätzle verarbeiten. Vorsicht: Die gröberen Nussstücke können die Löcher der Spatzenpresse verstopfen. Idealer wäre dann der Spatzenhobel oder das Spatzenbrett. Jedoch kann man auch jederzeit separat die gemahlenen Haselnüsse kurz mit etwas Butter erhitzen und zu den fertigen Spätzle geben. Haselnuss-Spätzle passen gut zu Wildgerichten.

Tipp von Ingrid: Statt Haselnüssen kann man auch fein gemahlene Walnüsse verwenden.

GERDAS VOLLKORN-SPÄTZLE

500 g Dinkelvollkornmehl | 3 Eier | ⅜ l Wasser | 1 TL Vollmeersalz | 1 gr. Bund frischer Kräuter (fein gehackt)

Alle Zutaten zusammen mit den Kräutern zu einem geschmeidigen Teig vermengen. Etwa 30 Minuten stehen lassen und fertig ist der Spätzleteig. Nach Grundrezept weiter zubereiten. Dazu passt hervorragend eine Tomatensoße (siehe Grundrezept Tomatensoße). Die Tomatensoße kann mit einem ½ Becher Sauer- oder Süßrahm verfeinert werden.

BÄRBELS HÄFELE-SPÄTZLE

4 Eier | 8 EL Mehl (schwach gehäuft) | 1 Messerspitze Salz oder Gewürz nach Belieben | Brühe oder Salzwasser

Die Eier verquirlen, das Salz oder Gewürz und das Mehl dazugeben, beides möglichst klümpchenfrei verrühren. Der Teig sollte noch so weit flüssig sein, dass man ihn gerade noch ausgießen kann, etwas weicher als der Spätzleteig zum Schaben. Den Teig gut 15 Minuten quellen lassen. Dann den Teig mit etwa 30 cm Abstand in einem dünnen Stahl über der wallenden, nicht brodelnden Brühe in den Topf gießen und darauf achten, dass er immer auf eine freie Stelle in der Brühe trifft. Die Spätzle sind praktisch sofort gar und können abgeschöpft werden. Den Vorgang je nach Teigmenge mehrmals wiederholen.

Tipp: Sollte der Teig zu flüssig sein, etwas Mehl untermischen; sollte er zu fest sein, vorsichtig Wasser, aber bitte nur tropfenweise, zugeben.

Tipp: Die Häfelespätzle eignen sich besonders gut als Suppeneinlage.

Tipp: Ein ideales Rezept, um nicht zu viel unnötiges Geschirr zu bekleckern.

LUCIS BACK-SPÄTZLE

250 g Mehl | ½ TL Salz | ½ TL Backpulver | 5 Eier (M) | 1 Prise Paprikapulver scharf oder edelsüß | 120 ml Milch | Fett zum Frittieren (Menge je nach Topfgröße)

Zutaten mit dem Handrührgerät verrühren. Fett im Topf zum Kochen bringen. Das Spätzle-Sieb in das heiße Fett stellen und mit der Schöpfkelle Teig dazugeben. Spätzle mit dem Kochlöffel durch die Löcher streichen. Die Backspätzle im heißen Fett herausbacken, bis sie hellbraun sind. Mit dem Schaumlöffel aus dem heißen Fett heben und auf einem Küchenpapier abtropfen lassen.

Tipp: Wer kein Spätzle-Sieb besitzt, kann auch den Spätzlehobel verwenden.

Tipp: Die Backspätzle sind ideal als Suppeneinlage. Geben Sie sie erst direkt vor dem Servieren in die Brühe oder Suppe. So werden sie nicht zu weich.

Tipp: Auch als Knabbergebäck sind die Back-Spätzle sehr beliebt.

Tipp: Man kann die Backspätzle auch gut aufbewahren. Zum Aufbewahren an der Luft trocknen und dann in Schraubdeckelgläser füllen.

Unterschied Backspätzle und Backerbsen: Backspätzle haben eine undefinierbare Form und Backerbsen sind ganz rund wie Erbsen.

KÄS-SPÄTZLE AUS DEM BACKOFEN

Spätzle nach Grundrezept, etwas Spätzlekochwasser aufheben | 2 EL Öl | 2 mittelgroße Zwiebeln | 300 g Käse (⅓ Emmentaler, ⅓ Gouda, ⅓ Bergkäse) | Semmelbrösel | weißer Pfeffer (frisch gemahlen)

Spätzle nach Grundrezept zubereiten. Die Zwiebeln klein schneiden und goldgelb im erhitzten Öl dünsten. Den Käse reiben. Eine Auflaufform ausfetten und mit Semmelbrösel bestreuen. Dann eine Schicht Spätzle in die Auflaufform geben, darauf die Zwiebeln, Pfeffer, Käse legen und wieder Spätzle, Zwiebeln usw. Darauf achten, dass die letzte Schicht aus Käse besteht. Mit etwas Spätzlekochwasser übergießen und bei ca. 180 °C in der zweiten Schiebeleiste von unten backen, bis der Käse eine goldgelbe Kruste gebildet hat.

Tipp: Zu den gebackenen Käs-Spätzle passt Blattsalat oder auch Apfelmus.

Tipp: Falls Käs-Spätzle übrig bleiben, eignen sie sich wunderbar für panierte Käs-Spätzle.

SILKES SPÄTZLE-AUFLAUF

Doppeltes Grundrezept + | 500 g Tiefkühlspinat | Salz | Muskat | 3 Mozzarellakugeln | 5 gr. Tomaten | 1 Knoblauchzehe | 2 TL Pesto Genovese Basilikum | Oregano | Thymian | Pfeffer | Crema di Balsamico

Den Tiefkühlspinat auftauen. Mit Salz und Muskat würzen und mit dem Spätzleteig gut vermengen. Spätzle kochen. Den Mozzarella in kleine Stücke schneiden, ebenso die Tomaten. Die Knoblauchzehe fein hacken. Mozzarella, Tomaten, Knoblauch und Pesto Genovese unter die fertig gekochten Spätzle heben. Mit mediterranen Kräutern, Pfeffer und Salz abschmecken. Etwa 20 Minuten bei 160 ºC auf Unter- und Oberhitze backen. Dazu Crema di Balsamico reichen.

KÄS-SPÄTZLE AUS DER PFANNE

Spätzle nach Grundrezept, etwas Spätzlekochwasser aufheben | 2 mittelgroße Zwiebeln | 2 EL Öl | 300 g Käse (⅓ Emmentaler, ⅓ Gouda, ⅓ Bergkäse) | Semmelbrösel | weißer Pfeffer (frisch gemahlen) | zum Garnieren: Zwiebelringe u. etwas Butter

Spätzle nach Grundrezept zubereiten. Die Zwiebeln grob würfeln. Das Öl in einer Pfanne erhitzen, die gewürfelten Zwiebeln dazugeben und anschwitzen, bis sie glasig sind. Die Spätzle mit dem Käse dazugeben, durchmischen und bei mittlerer Hitze unter mehrfachem Wenden braten, bis der Käse gut zerlaufen ist. Wenn die Käs-Spätzle in der Pfanne etwas trocken sind, einfach etwas Spätzlekochwasser drübergießen, damit sie schön »schlonzig« (sämig) werden. Zwiebelringe in Butter goldbraun braten und die Käs-Spätzle damit garnieren.

Tipp: Zu den gebratenen Käs-Spätzle passt Blattsalat oder auch Apfelmus.

USCHIS PANIERTE KÄS-SPÄTZLE

Übrig gebliebene Käs-Spätzle | Mehl | Ei (Menge nach Belieben) | Semmelbrösel | Preiselbeeren o. Preiselbeermarmelade

Falls Käs-Spätzle übrig sind, die Käs-Spätzle in einer Auflaufform verteilen, ca. 1,5 cm hoch, wenn die Spätzle noch warm sind, auskühlen lassen. Quadrate oder Rechtecke abstechen und vorsichtig wie ein Schnitzel in Mehl wenden und mit Ei und Semmelbrösel panieren. Die Eimenge richtet sich nach der Menge der Käs-Spätzle und nach Belieben. In heißem Fett goldgelb anbraten. Mit Preiselbeeren oder Preiselbeermarmelade anrichten.

KÄSE-SPÄTZLE

158. Käsespätzle.

Rühre ¼ Pfund Butter recht schaumig und gieb nach und nach 2 weiße, durch ein Sieb gestrichene Knollenkäse nebst 4 ganzen Eiern und 2 Eigelb, Salz und so viel Mehl dazu, daß die Masse gehörige Festigkeit erhält, forme davon Knöpflein, lege sie in kochendes Salzwasser ein und bestreue sie mit gerösteten Brosamen.

Herzhaftes Rezept aus Luise Schäfers neuem Kochbuch für die bürgerliche und die feine Küche, o.J.

QUARK-SPÄTZLE

250 g Mehl | 4 Eier | 250 g Quark | Salz

Aus Mehl, Eiern und Quark einen zähen Teig rühren und mindestens 20 Minuten ruhen lassen. Den Teig dann portionsweise mit einem Spätzlehobel oder einem beliebigen anderen Gerät in kochendes Salzwasser hobeln und kurz aufkochen lassen. Die Spätzle sind fertig, wenn sie an der Wasseroberfläche schwimmen. Passt zu Braten, Gulasch oder Wildgerichten.

Tipp: Mit Magerquark werden die Spätzle immer sehr weich. Deshalb verwende ich lieber Halb- oder Vollfett-Quark. Dann werden sie fester.

SCHOKO-SPÄTZLE

100 g Schokolade | 4 EL Sahne | 4 Eier | 250 g Mehl | 1 EL Zucker | ½ TL Salz | etwas Butter | Zucker

Die Schokolade in Stücke brechen und mit der Sahne langsam in einem Topf schmelzen. Eier und Mehl mit der Schokoladenmasse mischen. Wasser mit Salz und Zucker zum Kochen bringen. Den Teig mit der Spätzlepresse portionsweise in das Wasser drücken. Die Spätzle sind fertig, wenn sie an der Wasseroberfläche schwimmen. Butter mit etwas Zucker karamellisieren und die Spätzle darin schwenken. Heiß servieren.

Tipp: Zu den Schoko-Spätzle passt Vanilleeis, Vanillesoße, heiße Kirschen oder rote Grütze.

HELGAS KAFFEE-SPÄTZLE

200 g Mehl | 2 Eier | 2 Espresso | 2 TL Zucker | 1 kl. Prise Salz | etwas Wasser | zum Karamellisieren: ca. 30 g Butter und 1 TL Zucker

Aus Mehl, Eiern, Espresso, Zucker, Salz und Wasser einen zähen Teig rühren und etwas ruhen lassen. Dann den Teig ins kochende

Wasser schaben, hobeln oder pressen und etwa 1 Minute kurz aufkochen lassen. Danach in einer Pfanne Butter mit etwas Zucker karamellisieren und die Spätzle darin schwenken. Beim Karamellisieren sollte der Zucker nur goldbraun werden, wird er zu dunkel, schmeckt er bitter. Also nicht aus den Augen lassen und notfalls schnell die Pfanne vom Herd nehmen. Heiß servieren.

Tipp: Am besten passt zu Helgas Kaffee-Spätzle Vanilleeis.

Die Kaffee-Spätzle habe ich für meine Schwester Helga zum 60. Geburtstag kreiert. Schon als kleines Mädchen habe ich meine große Schwester bewundert. Heute kommt sie ab und zu auf einen Espresso vorbei und wir lachen und reden. Die Kaffee-Spätzle sind genau wie Helga, sie haben Power ohne Ende.

Circa 1974: meine Schwestern Gerda, Helga und ich

SÜSSE MOHN-SPÄTZLE

Spätzle nach Grundrezept + | 3 EL Mohn | Butter | Zucker

Den Mohn in den Spätzleteig unterheben und anschließend zu Spätzle verarbeiten. In einer Pfanne Butter zerlassen, darin Mohn und Zucker schwenken und über die Spätzle geben.

Tipp: Mohn-Spätzle schmecken hervorragend als Nachspeise zu Vanilleeis.

APFEL-SPÄTZLE

Spätzle nach Grundrezept | 3 – 4 Äpfel | etwas Butter | Zucker | Zimt

Äpfel schälen, vierteln, entkernen und in feine Scheiben schneiden. Dann in Butter dämpfen und danach anbraten, bis die Äpfel goldbraun sind. Spätzle anrösten und die Äpfel hinzugeben. Mit Zimt und Zucker bestreuen und heiß servieren.

Tipp: Mit Birnen schmeckt's auch sehr lecker!

APFEL-SPATZEN

Aepfelspatzen.

Man verfertigt einen ganz gewöhnlichen Spatzenteig, legt die Spatzen (Spätzlein) ganz klein in Salzwasser ein, und gießt sie, wenn sie gekocht sind, zum Ablaufen in einen Seiher. Hierauf schält man saure Aepfel, schneidet sie zu ganz dünnen Schnitzlein, daß es ein starker Teller voll ist, macht in einem eisernen etwas tiefen Geschirr ein starkes Viertelpfund Schmalz heiß, dämpft die geschnittenen Aepfel ein wenig gelblich darin, thut die abgelaufenen Spatzen dazu, macht es mit einer Gabel langsam untereinander, richtet sie, sobald die Aepfel gelb und weich sind, auf eine Platte an, und giebt sie warm auf den Tisch. Diese Speise kann Mittags oder Abends aufgestellt werden.

Nach dem »Oekonomischen Handbuch für Frauenzimmer« (1809) von F. L. Löfflerin

Dr Franzos liebt sei Cuisine,
dr Italiener seine Paschta
ond dr Schob wär' ohne Spätzle
halt koin Schwob ond domit baschta!

Ralph Digel

Küche und Schrank sei immer blank.

Danksagung

Dem Gmeiner-Verlag möchte ganz herzlich für die hervorragende Umsetzung meiner Buchidee danken. Mein besonderer Dank gilt meiner liebenswerten Lektorin Anja Sandmann für ihre unerschöpfliche Geduld mit einer enthusiastischen Oberschwäbin, und dass sie trotz mancher Nachtschichten und Wochenenden meinetwegen nicht dem Burnout zum Opfer fiel. Der Grafikerin Susanne Lutz danke ich für die ganz wundervolle Gestaltung des Buches.

Den beiden schonungslosesten Kritikerinnen und zugleich unerschöpflichen Inspirationsquellen möchte ich von Herzen danken: meinen geliebten Kindern Anja und Jasmin. Ebenso meinem Fotografen Willi Stauber, der so leidenschaftlich die Seele alltäglicher Gegenstände bildhaft an die Oberfläche bringen kann wie kein Zweiter.

Zu guter Letzt gilt mein Dank all den Menschen, die an diesem Buch einen wertvollen Beitrag geleistet haben, freiwillig oder unbewusst. Sei es, indem sie eine tragende Rolle in einer kuriosen Begebenheit spielten, mir eine Spätzleanekdote überliefert oder einfach nur rein zufällig meinen Spätzlefundus bereichert haben.

Heidi Huber

Bildnachweise

- © **Willi Stauber:** S. 5, 8, 12, 13 (Hobel), 17, 18 (Löffelspatz, Spätzlelöffel, Drahtschaumlöffel, Schöpflöffel), 19, 20 (geschabtes Spätzle, Handschaber, Spätzlebretter in Vielfalt, Brett mit Kompassmotiv, Schabbrett mit Gebrauchsspuren), 22, 24 (Holzpressen), 28, 30 (Kull-, Famos-, Handtmann-Pressen), 32 (Ha-no-, Spiegler-, mehrkantige Spätzlepresse, höhenverstellbare Spätzlepresse), 34 (Spätzlemühle Haag, Spätzlemühlen mit verschiedenen Haltegriffen), 36 (Knöpflehobel katholisch, Spätzlehobel evangelisch, gehobeltes Knöpfle, gehobeltes Spätzle, JUPITER 868), 38 (Fix-Fix, Handspatzenbrett, Spätzle-Max), 40 (DODO), 42, 46 (Herma), 48, 54 (Transportkiste), 58 (Puppenherd), 59, 60 (Pinnwand), 66 (Spätzlestuhl), 70 (Dekoteller, Mordinstrument), 72 (Abtropfsieb), 74, 76 (Getreidemühle, Mehl- und Salzbehälter), 78 (Henne, Nest), 82, 83, 87, 97, 101 (Spätzlesieb), 103 (Hobel, Knöpfle), 104, 107, 108, 110
- © **Anja Huber und Jasmin Huber:** S. 9, 90 (Spätzle mit Kartoffelschnitz), 95, 103 (Spätzle aus der Pfanne)
- © **Heidi Huber:** S. 10, 18 (große und kleine Holzkochlöffel), 20 (Spätzlebrett mit Schaber), 24 (Werbeanzeige), 26 (Infoblätter, Spätzlemaschine Leiber), 30 (Infobroschüre), 34 (Gebrauchsanleitung, Werbeanzeige), 36 (Sonntag, Spätzlehobel in Aktion), 44 (Lochplatten), 45 (Töchter zeigen Erinnerungsfotos), 46 (Herr Ochlast), 52, 56 (Sophie mit ihrer Mama), 60 (Jonas), 62, 78 (Haushaltungsvortheile), 80, 89, 91, 92, 101 (Backspätzle), 103 (Rezept Schäfer), 106
- © **Seksak Kerdkanno,** Pixabay.de: S. 11 (Fläschchen)
- © **Devanath,** Pixabay.de: S. 11 (Rosmarin)
- © **European Commission, Agriculture and rural development:** S. 13 (Gütesiegel)
- © **Paul Sägmüller:** S. 15
- © **ALB • GOLD Teigwaren,** Trochtelfingen: S. 16 (Eierkarussell)
- © **Buck GmbH & Co. KG,** Nudelspezialitäten, Mengen: S. 16 (Eieraufschlagmaschinen, Vakuumsauger)
- © **OpenClipart-Vectors,** Pixabay.de: S. 18 (Kochlöffel)
- © **Ernst Bauer:** S. 20 (Schaber nach Bauer)
- © **Alexandra Eberle:** S. 20 (Schaber nach Eberle)
- © **Valentin Leiber:** S. 26 (Valentin Leiber)
- © **HEINRICH KIPP WERK KG,** Sulz am Neckar: S. 27
- © **Sabine Ziegler:** S. 32 (Gruppenfoto)
- © **DELTA-WERK-KERN,** Rottweil-Göllsdorf: S. 36 (Elektro-Knöpflemaschine), 46 (Spätzle-Hex)
- © **Archiv H. P. Kuban,** Stuttgart: S. 38 (Anzeige)
- © **Silke Kuhnle:** S. 40 (Dominik Rudolf kocht)
- © **Reinhold Hagen:** S. 41
- © **Karin und Gerhard Schaal:** 44 (Fritz Wachter kocht), 45 (Erwin Späth mit Enkel Andreas, Werbeprospekte)

- © **Ingo Kern:** S. 46 (Ewald Kern)
- © **Angelika Schneider-Maldoff:** S. 54 (Sieben-Schwaben-Brunnen)
- © **Carolin Härle:** S. 56 (Sophie beim Kochen)
- © **Richard Hirsch:** S. 58 (Karin und Heidi beim Spielen)
- © **Hotel Traube Tonbach,** Baiersbronn: S. 64 (Konservendose)
- © **NASA, J. Blair:** S. 64 (Astronaut)
- © **Manfred Piehl:** S. 66 (längstes Spätzle)
- © **Thomas Schröder:** S. 66 (Gasthaus, größter Hobel)
- © **Yvonne Wolß:** S. 66 (Wasserbad)
- © **Jessica Lang,** www.gegenlichtsucht.de im Auftrag von Gaggli: S. 68
- © **Johannes Pampuch,** Reklame Verlag GmbH, München: S. 70 (Grundgesetz)
- © **Peter Weckherlin:** S. 72 (Eugen Hummel)
- © **U. Leone,** Pixabay.de: S. 76 (Mehl, Dunst und Gries)
- © **Andrea Sigg:** S. 86
- © **Ulrich Gohl** (MUSE-O): S. 90 (Anzeige)
- © **Jürgen Hofstätter,** Foto Hofstätter, Ulm: S. 93
- © **Stefanie Brüderle:** S. 99
- © **Johann Buck:** S. 105
- © **Susanne Lutz:** Hintergrundgrafiken (Spätzleschüssel, Wassertopf, Ei, Löffel, Blume) S. 10, 12, 16, 18, 20, 22, 26, 28, 32, 34, 36, 38, 40, 41, 42, 44, 45, 46, 48, 50, 51, 52, 54, 56, 58, 60, 62, 64, 66, 68, 72, 74, 76, 78, 80, 83, 84/85, 86/87, 91, 93, 94, 96, 97, 98, 99, 101, 102, 103, 105, 106, 107, 109

Literaturverzeichnis

Emma Hanna Appenzeller: Mein Kochbuch für den täglichen Gebrauch. Zusammenstellung der Zubereitung von bekannten bewährten Gerichten unter Berücksichtigung zeitgemäßer Einschränkungen. Christliches Verlagshaus G.m.b.H., Stuttgart W 1948.

Ludwig Aurbacher: Die Geschichte von den Sieben Schwaben mit zehn lithographirten Darstellungen. Fr. Brodhag'sche Buchhandlung, Stuttgart 1832.

Johann Matthias Birkmeyer: Vollständiges Kochbuch für Kranke und Genesende: Anweisung durch geeignete Auswahl und Zubereitungsart der Nahrungsmittel die Wirkung der Arzneimittel zu unterstützen … Zeh Verlag, Nürnberg 1845.

Frank Brunecker: Alles Handtmann. Museum Biberach, Biberach 2007.

Maria Katharina Daisenberger: Vollständiges Bayerisches Kochbuch für alle Stände. E.H. Zehsche Buchhandlung, Nürnberg 1843.

European Space Agency Deutschland: Biographie von Alexander Gerst. Unter: http://www.esa.int/ger/ESA_in_your_country/Germany/Biographie_von_Alexander_Gerst (abgerufen am 02.02.2018).

Silke Fux: 151 Meter lange Schwabenpracht. In: Mühlacker Zeitung vom 27.06.2016.

Daniel Häfele: Zum 90. Geburtstag von Arthur Handtmann. Unter: https://www.handtmann.de/aktuelles/aktuelles/zum-90-geburtstag-von-arthur-handtmann/ (abgerufen am 31.12.2017).

Heidi Huber: Spätzlemuseum, Im Vötschenturm, Entenmoos 29, 88339 Bad Waldsee.

Hermine Kiehnle: Kiehnle Kochbuch für die einfache bürgerliche Küche. Walter Hädecke, Stuttgart und Leipzig o.J.

Rosinus Lentilius: Neue Beschreibung Des zu Göppingen Im Löbl. Hertzogtume Würtenberg gelegenen edlen, berühmt- und uralten Sauer-Brunnen: Worinnen dessen Gelegenheit, mineralischer Halt, Kraft und Wirkung, gründlich untersucht, der nuzzliche Gebrauch gelehret, auch derselbe von einigen falschen Auflagen gerettet wird … Müller, Stuttgart 1725.

Karl Lerch: Spätzle Brevier. Die schwäbische Leibspeise mit großem Vergnügen aufgetischt. Oertl und Spörer, Reutlingen 2016.

F. L. Löfflerin: Oekonomisches Handbuch für Frauenzimmer. Johann Friedrich Steinkopf, Stuttgart 1809.

Ministerium für Ländlichen Raum und Verbraucherschutz Baden-Württemberg (MLR): Landesinitiative Blickpunkt Ernährung. Unter : http://www.ernaehrung-bw.info/pb/site/pbs-bw-new/get/documents/MLR.LEL/PB5Documents/ernaehrung/pdf/g/Getreide_2012_06.12_farbig.pdf (abgerufen am 12.1.2018).

Dr. Claudia Müller: EU-Qualitätssiegel: Wie schwäbisch sind (schwäbische) Spätzle? Unter: http://www.ernaehrung-bw.info/pb/,Lde/Startseite/Empfehlungen/EU_Qualitaetssiegel_+Wie+schwaebisch+sind+_schwaebische_+Spaetzle_ (abgerufen am 29.12.2017).

MUSE-O Museumsverein Stuttgart-Ost e.V.: Gaisburger Marsch erst 1933 entstanden. Unter: http://www.muse-o.de/2009/07/gaisburger-marsch-erst-1933-entstanden/ (abgerufen am 30.12.2017).
O.A.: Das Zeppelin Museum zeigt zwei weitere »Schätze aus dem Depot«. In: Schwäbische Zeitung: vom 27.12.2013.
O.A.: »Erste Kreisbeschreibung« – eine illustre Sagen-Sammlung. In: Badisches Tagblatt vom 02.06.2001.
O.A.: Mord mit Spätzlepresse. Frau muss nach Urteil in die Psychiatrie. In: Süddeutsche Zeitung vom 19.12.2013. Unter: http://www.sueddeutsche.de/panorama/mord-mit-spaetzlepresse-frau-muss-nach-urteil-in-die-psychiatrie-1.1848017 (abgerufen am 04.02.2018).
Sabine Ries: Im Turm der Spätzle. Geschabt, gedrückt, gehobelt. Spätzlerüstzeug einst und heute. In: Mein Ländle. Die schönsten Seiten Baden-Württembergs. 03/2015.
Luise Schäfer: Luise Schäfers Neues Kochbuch für die bürgerliche und die feine Küche. Über 2000 auf eigene Erfahrung gegründete Rezepte zur Zubereitung schmackhafter Speisen, von Back- und Zuckerwerk, eingemachten Früchten und Likören nach den Regeln der deutschen, französischen und englischen Kochkunst. 10. Aufl. Franckh'sche Verlagshandlung, Stuttgart o.J.
J. Schmitt: Die Schweden von Kuppenheim. In: E. Spitz: Heimatkunde vom Amtsbezirk Rastatt. Konkordia A.-G., Bühl (Baden) 1926.
Dr. Hiroe Shimauchi: Considering Swabian Folk Tradition through Spätzle. In: The Society for the Human and Cultural Sciences in Musashi University: The Journal of Human and Cultural Sciences. Vol. XLIX, No. 1, 2017.
Mitsuya Kuranase: Perspective of culture. Gensousha, Tokyo 2017.
Irma Spiegler: Wilhelm Spiegler (30.05.1912 – 08.07.1988) – 2. Folge: Werkstatt in Oberkochen, 2. Weltkrieg und die »Spätzlesmaschine«. In: Heimatverein Oberkochen: Serie »Oberkochen – Geschichte, Landschaft, Alltag«. Bericht 373. Unter: http://www.heimatverein-oberkochen.de/bericht373.htm (abgerufen am 29.01.2018).
Stadtverwaltung Heidenheim: Die Knöpfleswäscherin. Unter: http://www.heidenheim.de/,Lde/startseite/Leben/Sagen+rund+um+Heidenheim.html (abgerufen am 16.01.2018).
Verein Historische Mühlen im Selfkant e.V.: Mühlenerzeugnisse. Unter : http://www.muehlenverein-selfkant.de/Wissenswertes/Getreidewissen.html (abgerufen am 09.01.2018).

Das erste Spätzle-Spiel der Welt

Heidi Huber:
Spätzle-Memo
Merkspiel mit 24 Bildpaaren
EAN 4260220581635

Spielinformation:
ab 2 Spielern • ab 4 Jahren
Schachtel ca. 14 × 14 cm
Spieldauer:
ca. 15 Minuten / Spiel
Inhalt:
48 Karten, 1 Spielanleitung
mit Motiverklärungen

Spätzle sucht Spätzle. Wer findet als Erster die zusammengehörigen Karten? Lernen Sie auf außergewöhnliche Weise die Welt der Spätzle und Knöpfle kennen. Beginnend bei einem alten Spätzlebrett mit Schaber bis zur modernen automatischen Reibe zeigen die bunten Spielkarten eine Auswahl faszinierender Spätzlegerätschaften. Inklusive einer Beschreibung der einzelnen Werkzeuge in der Spielanleitung. Ein toller Zeitvertreib für alle, die mehr über die Welt der Spätzle erfahren wollen.